MEIN BIOTOPFGARTEN

MEIN BIOTOPFGARTEN

Tipps und Topfideen
für Obst- und Gemüse-Nascher

Deborah Schneebeli-Morrell

THORBECKE

Aus dem Englischen von Tanja Swoboda-Reimann

Bibliografische Information der Deutschen Nationalbibliothek
Die Deutsche Nationalbibliothek verzeichnet diese Publikation in der Deutschen Nationalbibliografie; detaillierte bibliografische Daten sind im Internet über http://dnb.d-nb.de abrufbar.

Für die englische Ausgabe:
Project Editor: Gillian Haslam
Text Editor: Henrietta Heald
Designers: Roger Hammond und Roger Daniels
Photographer: Heini Schneebeli
Illustrator: Jane Smith

ISBN 978-3-7995-3558-8

Widmung

Für meine liebe Freundin Jehane Markham, die nicht nur eine umsichtige Gärtnerin, sondern auch eine Pionierin auf dem Gebiet des biologischen Obst- und Gemüseanbaus ist.

Danksagung

Danke an alle Freunde, Gärtner, Gemüseanbauer und Schrebergartenkollegen, die ihr Wissen über das Gärtnern mit uns teilten und uns außerdem die Möglichkeit gaben, unsere Aufnahmen auf ihren Grundstücken zu machen. Mein besonderer Dank gilt hierbei Mick Rand, Bill Saunders, Chris Jackson, Alan und Anthea Stewart, Helen Scott Lidgett, Jill Patchett und Gloria Nicol.

Ein herzliches Dankeschön auch an Heini Schneebeli für seine Ausdauer und sein enormes Geschick, die Projekte in diesem Buch fotografisch festzuhalten, noch dazu in einem Sommer, der für Gärtner eher ärmlich ausfiel.

Des Weiteren möchte ich John Levis von Bygones im Whitehall Gartencenter in Lacock Wiltshire dafür danken, dass er mir verschiedene Requisiten zur Verfügung gestellt hat und mir außerdem seinem Freilandverkauf zeigte. Dieser ist für mich nicht nur zu einer reichen Inspirationsquelle geworden, sondern auch zu einer wahren Fundgrube für wunderschöne alte Haushalts- und Gartenutensilien.

Inhalt

Einleitung

Die wachsende Angst vor dem Klimawandel hat viele von uns dazu gebracht, sich Gedanken darüber zu machen, woher unsere Nahrung kommt und wie sie angebaut wird. Wir wissen um die Auswirkungen der industriell betriebenen Landwirtschaft und auch um den negativen Einfluss, den der Mensch auf die Umwelt ausgeübt hat. Viele Leute beschäftigen sich daher mit Themen wie „Nachhaltigkeit“ und „Umweltverträglichkeit“ und es besteht mittlerweile ein immer größer werdendes Verlangen danach, gesünder und umweltfreundlicher zu leben. Wir haben gelernt, dass lokal angebautes, saisonales Obst und Gemüse dem vorzuziehen ist, das Tausende von Kilometern durch die Gegend geflogen wurde, um schließlich in den Regalen unserer Geschäfte zu landen. Als Folge davon gibt es immer mehr Leute, die ihr eigenes Obst und Gemüse anbauen wollen. Ein großer Vorteil dieser Entwicklung ist sicherlich die Tatsache, dass die jeweiligen Obst- und Gemüsesorten kurz vor der Zubereitung geerntet werden können und dadurch natürlich unglaublich frisch schmecken.

Gemüse verliert schnell an Qualität und Geschmack, nachdem es gepflückt wurde, weil der darin enthaltene natürliche Zucker rasch in Stärke umgewandelt wird. Kommerziell angebautes Gemüse hat daher meist schon stark an Geschmack eingebüßt, wenn es die Geschäfte erreicht. Das ist auch der Grund dafür, warum Erbsen, die unmittelbar nach der Ernte eingefroren wurden, wesentlich besser schmecken als frische, denn Letztere erreichen die Geschäfte in der Regel erst ein oder zwei Tage nach der Ernte. Aber vielleicht probieren Sie es einfach aus: Kosten Sie doch einmal eines Ihrer ersten selbst angebauten Gemüse und vergleichen Sie diese dann mit gekauftem Gemüse. Sie werden sehen: Es liegen Welten dazwischen.

Pestizidrückstände, die in kommerziell angebautem Gemüse leider immer noch zu finden sind, sind der menschlichen Gesundheit nicht gerade zuträglich. Wenn Sie also sicher sein wollen, dass Ihr Obst und Gemüse frei von Pestizidrückständen ist, dann sollten Sie es selbst anbauen. Biogemüse aus dem Bioladen ist meist sehr teuer – ein weiterer guter Grund, mit dem eigenen Anbau zu beginnen. Angesichts dieser langen Tradition werden Sie nun vielleicht etwas entmutigt sein und denken, dass es zu viele Dinge gibt, die Sie noch nicht kennen. Doch keine Sorge: Das Wissen um die Kunst des

Links: ***Chilis gibt es in vielen verschiedenen Züchtungen und sie alle machen sich sehr hübsch in farbenfrohen, leeren Olivenölkanistern.***

Rechts: ***Borlottibohnen wachsen rasch an Stangen empor und ihre rot gesprenkelten Schoten liefern zumeist eine reiche Ernte. Die Schoten werden zum Reifen am Stock belassen. Beim Pflücken werden die getrockneten Schalen dann geöffnet.***

Gärtnerns ist nach wie vor sehr verbreitet und viele Leute teilen ihre diesbezüglichen Erfahrungen gerne mit anderen, sei es nun im persönlichen Gespräch oder durch Bücher.

Es liegt in der Natur der Dinge, dass Pflanzen von alleine wachsen. Ihre Aufgabe ist es nun, dafür zu sorgen, dass die richtigen Bedingungen geschaffen werden, um diesen Prozess so gut wie möglich zu unterstützen.

Oben: ***Dieser alte Drahterntekorb lässt sich in einen nützlichen Behälter für Tomaten verwandeln.***

Das Gärtnern in der Stadt

Viele Stadtbewohner wollen es sich nicht nehmen lassen, ihr eigenes Gemüse anzubauen, auch wenn ihnen nur ein sehr begrenztes Platzangebot zur Verfügung steht. Oft sind Fensterbänke, Balkone, Terrassen und Hinterhöfe hierfür die einzige Möglichkeit. Im Gegensatz zu vielen anderen Trends ist dieser hier wirklich zu begrüßen, denn er steht für eine Bewegung weg vom Vorgefertigten und Abgepackten. Ist es wirklich notwendig, dass manche Obst- und Gemüsesorten das ganze Jahr über angeboten werden? Hat denn eine Erdbeere zur Weihnachtszeit, die in einem riesigen Gewächshaus gezüchtet wurde, geschmacklich irgendeine Chance im Vergleich zu einer einheimischen Erdbeere, die unter freiem Himmel reifen durfte? Brauchen wir wirklich in Frischhaltefolie eingewickelte Brechbohnen, die aus einem fremden Land importiert und mehrfach gespritzt wurden? Und wollen wir für diese Produkte wirklich teures Geld bezahlen?

Immer mehr Leute beantworten diese Fragen mit „Nein", unter ihnen auch jene, die zwar nicht viel Platz zur Verfügung haben, aber dennoch ihr eigenes Obst und Gemüse anbauen wollen, um einige der Vorteile zu genießen, die das Gärtnern seit jeher mit sich bringt – unabhängig davon, ob man lediglich ein paar Töpfe auf der Fensterbank stehen hat oder einen größeren Garten bewirtschaftet. Es ist einfacher, als es sich zunächst anhört, denn viele Gemüsesorten sind sehr anpassungsfähig und gedeihen auch in kleinen Behältern erstaunlich gut.

Tomaten, die zu den wohl anpassungsfähigsten Pflanzen überhaupt gehören, wurden lange Zeit in Aufzuchtbeuteln aus Plastik angebaut. Oft wurden diese Beutel auf kleinen Balkonen, ja sogar auf winzigen Fenstersimsen platziert. Mit ihrer wurstähnlichen Form und der auffallend grellen Plastikhülle sehen Aufzuchtbeutel eigentlich auch eher hässlich aus. Es ist außerdem nicht gerade leicht, Wasser in die Beutel zu füllen und so wurden im Laufe der Zeit verschiedene Arten von noch hässlicheren Accessoires für diese Beutel

konzipiert, alle mit dem Ziel, das Gießen und damit die Aufzucht der Tomatenpflanzen zu erleichtern. Das Beste, was Sie mit diesen Plastikbeuteln tun können ist, sie aufzuschneiden und die Erde darin in hübschere Behälter umzufüllen.

Oben: ***Mangold gedeiht sehr gut, wenn Sie ihn in geräumigen Fensterkästen auf ein sonniges Fensterbrett stellen. Die Zugabe von Muschelmulch sorgt dabei für zusätzliche Feuchtigkeit in der Erde.***

Gärtnern für Kinder

Falls Sie Kinder haben, dann ermutigen Sie sie ruhig, bei der Aufzucht der Pflanzen und der anschließenden Ernte mitzuhelfen. Dies wird den Kleinen begreiflich machen, wo und wie Obst und Gemüse angebaut wird und sie werden dadurch lernen, dass man nur dann eine köstliche Belohnung erhält, wenn man die Erde mit Sorgfalt und Respekt behandelt. Die Samen zu säen und die kleinen Pflänzchen anschließend beim Keimen und Gedeihen zu beobachten, ist meist ein großes Vergnügen für Kinder. Diese kleine Welt aus Wachstum, Ernte und Erneuerung, die Sie geschaffen haben, wird Sie und Ihre Familie auf einzigartige Weise mit dem großen Ökosystem der Natur verbinden.

Biologischer Pflanzenanbau

Beim biologischen Gärtnern ist es wichtig, mit der Natur zusammenzuarbeiten. Es geht dabei nicht um exakte Wissenschaft, sondern vielmehr um gesunden Menschenverstand. Wenn Sie allerdings all Ihr Obst und Gemüse in Töpfen auf kleinem Raum anbauen möchten, dann wird sich der rein biologische Anbau in der Tat etwas schwierig gestalten, denn um einen guten und nährstoffreichen Kompost zur Verfügung zu haben, sollten Sie diesen auch selbst herstellen können. Kaufen Sie, wenn nötig, möglichst biologischen Kompost.

Falls Sie genügend Platz zur Verfügung haben, bauen Sie sich unbedingt einen eigenen Komposthaufen, denn abgesehen davon, dass Sie damit weniger Biomüll produzieren, werden Sie auf diese Weise immer genügend nährstoffreichen Kompost zur Verfügung haben. Den Kompost können Sie dann unter die Pflanzerde mischen, denn diese werden Sie zweifelsohne kaufen müssen. Vermeiden Sie es nach Möglichkeit, Pestizide einzusetzen, denn diese halten nicht nur unerwünschte Schädlinge und Schmarotzer fern, sondern töten auch nützliche Insekten. In der Praxis haben sich Blattläuse als ideale Nahrung für Gartenvögel, Marienkäfer und Schwebfliegenlarven erwiesen. Nacktschnecken werden mit Vorliebe von Fröschen und Kröten verspeist und Schnecken sind eine wahre Delikatesse für Singdrosseln. Ein Gärtner, der biologisch anbaut, schätzt und schützt diese kleinen Kreaturen. Geben Sie Ihren Pflanzen ab und zu etwas Dünger, insbesondere dann, wenn Sie gerade Früchte tragen. Verwenden Sie einen natürlichen Dünger wie zum Beispiel Meeresalgenextrakte oder selbst hergestellte Beinwelljauche (siehe Seite 16).

Die biologische Methode bedient sich auch häufig des Prinzips, bestimmte Pflanzen zusammen anzubauen. So zieht beispielsweise der gemeinsame Anbau von bestimmten Gemüsesorten und Blütenpflanzen nützliche Insektenan. Auf der anderen Seite halten manche Pflanzen mit ihrem spezifischen Geruch bestimmte Schädlinge fern (siehe Seite 29).

Oben: ***Wenn Sie Ihrer Pflanzerde frisch geschnittenen Beinwell zufügen, erhalten Ihre Pflanzen viele Nährstoffe, was sie mit reicher Ernte danken.***

Links: ***Bienen bestäuben nicht nur Blumen, sondern auch Gemüsepflanzen.***

Rechts: ***Bienen lieben Borretschblüten, denn sie produzieren köstlichen Nektar. Borretsch ist einjährig und wächst schnell zu einer stämmigen Pflanze heran, die ganz und gar mit hellblauen, sternförmigen Blüten bedeckt ist.***

Der Anfang

Das Gärtnern und der Anbau von Obst und Gemüse für den eigenen Bedarf sind weder mysteriöse noch schwer zu erlernende Tätigkeiten. Bevor es Geschäfte gab und der Trend zum Leben in der Stadt noch nicht so ausgeprägt war wie heute, bauten viele Leute die wichtigsten Grundnahrungsmittel selbst an, um ihre Familie zu ernähren. Vielleicht sind wir nicht mehr so arm wie die Leute damals, aber viele von uns haben auch heute noch den Wunsch und das Bedürfnis, einige gesunde Obst- und Gemüsesorten selbst anzubauen, um damit den Speiseplan der Familie ein wenig zu bereichern. Aus diesem Grund ist die Gartenarbeit, insbesondere der Anbau von Gemüse, auch so extrem beliebt geworden. Gärtner sind in der Regel sehr großzügige Menschen und so werden Sie sicherlich nicht lange nach Rat und Unterstützung suchen müssen. Darüber hinaus gibt es eine riesige Auswahl an Büchern und Gartenzeitschriften, die Ihnen viele hilfreiche Tipps und Informationen liefern können.

Sollten Sie beabsichtigen, einige Gemüsesorten in entsprechenden Gefäßen in einer kleinen Stadtwohnung anzubauen, dann ist der Anfang relativ leicht. Sie werden nicht viele Gerätschaften brauchen: eine kleine Kelle und eine Gabel, ebenso ein Pflanzstock, mit dem Sie Löcher in den Kompost graben können, denn in diese werden anschließend die Pflanzensamen und Setzlinge gesteckt. Einige Beutel Allzweckkompost sind unerlässlich (am besten torffrei und biologisch), ebenso wie ein Beutel Stallmist, um den Boden für nährstoffhungrige Pflanzen wie beispielsweise Bohnen und Zucchini anzureichern.

Die schönste Aufgabe besteht jedoch darin, geeignete Gefäße und Behälter zu finden, diese umzufunktionieren und auf ungewohnte Art und Weise wiederzuverwenden. Die nachfolgenden Seiten in diesem Buch werden Ihnen sicherlich viele Inspirationen dazu liefern können. In einigen meiner Beispiele verwende ich Mulch, um die Feuchtigkeit in der Erde zu halten. Mulch hat nicht nur eine rein praktische Funktion, sondern sieht oftmals auch sehr dekorativ aus. Wenn Sie beispielsweise Muschelschalen oder Kieselsteine verwenden, die Sie im Urlaub gesammelt haben, dann werden Sie immer wieder an diese schöne Zeit erinnert.

Das Setzen von Samen und die Aufzucht junger Setzlinge ist eine aufregende Beschäftigung und Sie werden am meisten dabei lernen, wenn Sie es selbst ausprobieren. Falls Sie kein Gewächshaus haben, können Sie auch eine Aufbewahrungsbox aus Plastik als Frühbeet verwenden.

Und sorgen Sie sich nicht allzu sehr um Schädlinge und Krankheiten. Diese sind meist harmloser als ihr Ruf und Sie werden sicherlich gesunde, kräftige Pflanzen haben, wenn Sie sich um einen konsequent biologischen Anbau bemühen.

Die Auswahl geeigneter Behälter

Oben links: ***Allzweckkörbe aus buntem Plastik eignen sich hervorragend als praktische und dekorative Behälter.***

Oben: ***Dieser große Einkaufskorb wurde mit Spinat bepflanzt. Er enthält genügend Kompost, um gesunde Pflanzen und eine reiche Ernte hervorzubringen.***

Die Auswahl an Behältern und Töpfen ist endlos. Wenn Sie mit Hilfe Ihrer Fantasie und Ihres Erfindungsreichtums Gegenstände wiederverwenden, dann werden Sie dadurch nicht nur interessante Übertöpfe erhalten, sondern auch eindrucksvolle Dekoartikel für Ihren Balkon oder Ihre Terrasse. Balkone und Terrassen werden heutzutage häufig als „Verlängerung" der Wohnung betrachtet, und genauso wie Sie ein schönes Möbelstück, eine Vase oder ein Bild auswählen würden, um damit Ihre Wohnung zu schmücken, so werden Sie sich in Zukunft vielleicht überlegen, welche Behälter geeignet sind, um Ihren Balkon bzw. Ihre Terrasse in einen ansprechenden Ort zu verwandeln.

Sie können alle möglichen Arten von Behältern für Ihre Zwecke verwenden. Die allseits beliebten Terrakottatöpfe sehen sehr hübsch aus, aber vielleicht bevorzugen Sie ja eher das farbenfrohe, dekorative Äußere leerer Olivenölkanister? Wenn Sie es gerne farbig mögen, dann sollten Sie sich vielleicht auch ein paar bunte Gartentröge aus Plastik zulegen. Alte Körbe können Sie zum Beispiel mit Plastikfolie auslegen, um die Feuchtigkeit darin zu halten. Auch verzinkte Eimer und Wannen sowie hölzerne Wein- und Obstkisten sind ansprechende Alternativen.

In diesem Buch verwende ich viele verschiedene Behälter und alle habe ich bewusst so gewählt, dass sich die darin angebauten Obst- und Gemüsesorten optimal entwickeln können. Manche Pflanzen brauchen mehr Platz als andere. Der rasch wachsende Salat macht sich zum Beispiel sehr gut in flachen Behältern wie Spülschüsseln oder Küchensieben, während Wurzelgemüse wie Karotten in tiefere Gefäße gepflanzt werden muss. Bohnen brauchen viel Platz für ihre Wurzeln, während Rettiche in der Regel auch auf engerem Raum gut gedeihen.

Oben: *Erdbeeren gedeihen prächtig in alten, hölzernen Obst- oder Weinkisten.*

Außen links: *Rauke wächst schnell und fast überall. Für sie eignen sich alle Arten von Küchenbehältnissen.*

Links: *Auch Rettiche wachsen rasch und sehen in diesen kleinen Plastikschüsseln nicht nur dekorativ aus, sondern gedeihen auch gut darin.*

Kompost und Erde

Der wichtigste Aspekt beim Pflanzenanbau und der Schlüssel zum Erfolg ist eine fruchtbare, mit Nährstoffen angereicherte Erde. Sie sollte Wasser aufnehmen können, aber trotzdem nicht zu nass sein. Neulinge sind oft recht schnell entmutigt, wenn sie sehen, dass Ihre Pflanzen nicht gleich zu Beginn schnell wachsen. Oft wird dabei übersehen, wie wichtig es ist, sich zunächst einmal gründlich über die verschiedene Böden und Kompostsorten zu informieren, denn diese kleine Investition wird sich später in Form von reichen Ernten bezahlt machen.

Der eigene Komposthaufen

Wenn Sie genügend Platz im Freien zur Verfügung haben, dann sollten Sie sich unbedingt einen eigenen Komposter zulegen. Es gibt sie bereits vorgefertigt zu kaufen und die meisten von ihnen bestehen aus einem großen Plastikcontainer und einem dicht schließenden Deckel. Mit einem Komposthaufen produzieren Sie nicht nur weniger Müll, sondern haben auch immer einen guten Kompost voller nützlicher Organismen zur Hand, darunter Würmer, die Sie der gekauften Erde beigeben können. Für all diejenigen, die wenig Platz zur Verfügung haben, ist ein kleiner Komposter ideal. Dieser besteht aus einer größeren Anzahl von Würmern, die Ihre Gemüseabfälle in den äußerst begehrten „Wurmkompost“ verwandeln werden, einen sehr feinen und nährstoffreichen Kompost.

Das Abfüllen von Kompost

Verwenden Sie zum Ansäen niemals eigenen Kompost oder reinen Wurmkompost, denn Gemüsesamen brauchen zum Wachsen eine sterile Erde ohne Unkrautsamen oder Krankheitserreger, da diese die jungen Setzlinge schädigen könnten. Schlechter Kompost kann dazu führen, dass die Setzlinge aufgrund von zu viel Feuchtigkeit am unteren Ende des Stiels zu faulen beginnen und danach rasch absterben. Es ist daher ratsam, einen speziellen Saatkompost zu kaufen, der bereits ausreichend Nährstoffe und Dünger enthält. Schließlich möchten Sie ja vermeiden, dass Ihre Setzlinge lediglich große Blätter bekommen, sonst aber keine

Beinwelljauche

Der extrem nährstoffreichen Beinwelljauche werden fast schon magische Eigenschaften nachgesagt. Sie können sie leicht selbst herstellen. Beinwell ist eine weit verbreitete, hoch aufragende Pflanze, deren Blätter in dichten Büscheln zusammenwachsen. Bienen lieben ihre Blüten und wenn Sie den Platz dafür haben, können sie etwas Beinwell bei sich zu Hause anbauen. Falls nicht, dann finden Sie mit etwas Glück vielleicht einige wild wachsende Stauden oder Sie kennen jemanden, der diese Pflanze anbaut. Schneiden Sie eine Pflanze am unteren Ende des Stiels ab. Hacken Sie sie in kleine Stücke und folgen Sie im Übrigen den Anleitungen auf Seite 91. Geben Sie vor dem Gießen in jede Wasserkanne einen ordentlichen Spritzer Beinwelljauche. Tomaten, Paprika, Zucchini und Auberginen sollten einmal pro Woche damit gedüngt werden. Sie können Beinwellblätter auch unter den Kompost mischen oder einen hervorragenden Mulch daraus herstellen.

Kraft haben. Es gibt auch kommerziell hergestellten Biokompost für die Aussaat von Samen, aber werfen Sie zuvor lieber einen prüfenden Blick auf die Marke. Einige Hersteller bieten sogenannte Bio-Produkte an, die bei genauerem Hinsehen dann nicht dem Qualitätsstandard von Bio-Produkten entsprechen. Vermeiden Sie es in jedem Fall, chemisch aufbereiteten Kompost zu verwenden.

Torf wurde in der Gartenbaubranche lange Zeit als guter Nährboden betrachtet. Heute ist man jedoch wieder etwas davon abgekommen, Torf für diesen Zweck zu verwenden, denn der Abbau dieses Rohstoffes gefährdet die alten Torfmoore. Verwenden Sie also nach Möglichkeit Torfersatzstoffe, zum Beispiel solche aus Kokosfaser, kompostierter Rinde oder recyceltem Abfall.

Das Düngen der Pflanzen

Um einen nährstoffreichen Boden für „hungrige" Pflanzen wie Bohnen, Erbsen oder Zucchini zu erhalten, können Sie dem Allzweckkompost auch gut verrotteten Pferdemist beigeben. Diesen Boden sollten Sie dann allerdings nicht für Wurzelgemüse wie beispielsweise Karotten verwenden, denn er führt bei diesen Gemüsearten dazu, dass die Wurzeln sich verzweigen bzw. verbiegen. Für das Auflockern des Bodens bietet sich Pilzkompost an, denn er enthält sehr viel Stroh. Allerdings ist er auch sehr kalkhaltig und das vertragen nicht alle Pflanzen. Erdbeeren und Himbeeren gehören beispielsweise zu den Gewächsen, die in kalkreicher Erde eher schlecht gedeihen.

Pflanzen, die in Behältern heranwachsen, sollten im Idealfall einige Wochen nach dem Anpflanzen gedüngt werden, um die Fruchtbarkeit des Komposts zu erhöhen. Es gibt mittlerweile eine große Auswahl an Bio-Markendüngern zu kaufen und zwar sowohl solche in flüssiger Form als auch solche, die in die Oberfläche des Komposts eingearbeitet werden müssen. Eine wöchentliche Düngung mit Meeresalgenextrakt oder Beinwelljauche ist in jedem Fall anzuraten.

Oben: ***Zucchini lassen sich sehr gut in großen Behältern züchten, aber sie benötigen einen nährstoffreichen Boden. Geben Sie einige frisch geschnittene Beinwellblätter hinzu oder mischen Sie etwas Mist oder eigenen Kompost darunter.***

Aussäen und Anbauen

Eine der Winterfreuden des Gärtners ist das Durchsehen von Pflanzenkatalogen und die Planung, welche Pflanzen im nächsten Jahr angebaut werden sollen. Doch die Auswahl des richtigen Salats oder der passenden Karotte kann sich manchmal schwierig gestalten. Wenn Sie nach Gemüsesorten für Ihre Behälter und Töpfe suchen, dann wählen Sie nach Möglichkeit solche, die schnell wachsen und für die Aufzucht in Behältern geeignet sind.

Oben: ***Ein kleiner Korb reicht aus, um darin ein ganzes Sortiment an Gerätschaften zu verstauen, so zum Beispiel eine Gartenschere und andere Kleinigkeiten wie Schnüre, Etiketten und eventuell einen Pflanzenkatalog.***

Rechts: ***Sehen Sie sich einen Pflanzenkatalog an oder lesen Sie die Aufschrift auf der Rückseite der Saatpäckchen, dann wird es Ihnen leichter fallen, geeignete Züchtungen und Sorten auszuwählen.***

Samen kaufen und lagern

Biologisch gezüchtete Pflanzensamen sind leicht und bequem von zahlreichen Herstellern zu beziehen, oder vielleicht wollen Sie ja die Saatpäckchen bei Ihrem örtlichen Gartencenter durchsehen. Gärtner sammeln Saatpäckchen eigentlich das ganze Jahr über. Zum Glück sind die Päckchen relativ lange haltbar, vor allem dann, wenn Sie sie an einem kühlen, trockenen und schattigen Platz lagern. Bevor Sie Pflanzensamen kaufen, sollten Sie aber unbedingt den Text auf dem Päckchen lesen, denn dieser liefert Ihnen genaue Angaben darüber, welche besonderen Merkmale die Pflanze aufweist, welche Bedingungen sie zum gesunden Wachstum braucht und natürlich auch, wann sie angepflanzt und geerntet werden soll. Samen können recht teuer sein und die Menge an Samen variiert sehr stark von Päckchen zu Päckchen. Im Internet finden Sie ebenfalls ein breites Angebot an Saatpäckchen.

CATALOGUE
ORGANICALLY GROWN SEEDS

Pflanzen aus Samen ziehen

Samen sind von Natur aus darauf programmiert, zu keimen und sich zu ausgewachsenen Pflanzen zu entwickeln. Um zu gedeihen, brauchen sie neben Wärme, Licht und Feuchtigkeit auch einen sterilen Nährboden. Am besten Sie nehmen einen Kompost, der speziell für das Aussäen von Samen entwickelt wurde. Lassen Sie Samen niemals austrocknen und setzen Sie sie auf keinen Fall extremen Temperaturen aus.

Wenn Sie nur einige wenige Gemüsesorten anpflanzen möchten, dann können Sie die Samen in Schalen oder Töpfe stecken und sie auf einem sonnigen Fenstersims keimen lassen. Besonders geeignet hierfür sind Tomtaten, Chilis und Paprika, denn sie müssen schon früh im Jahr an einem warmen Platz ausgesät werden, um genügend Zeit für das Hervorbringen ihrer Früchte zu haben.

Die meisten begeisterten Gärtner wünschen sich ein eigenes Gewächshaus. Abgesehen von den praktischen Vorteilen, die es bietet, ist es außerdem ein wundervoller Zufluchtsort, eine kleine Oase in einer hektischen Welt, ein Ort, an dem Sie mit Ihren Gedanken alleine sein können. Vielleicht können Sie davon nur träumen, aber es gibt ja zum Glück noch viele andere Möglichkeiten, Samen auszusäen und Keimlinge heranzuziehen. Eine besonders pfiffige Idee ist die Anschaffung eines Mini-Gewächshauses oder Frühbeetes in Form einer großen Aufbewahrungsbox aus durchsichtigem Plastik mit abnehmbarem Deckel. Wenn Sie diese mit geschlossenem Deckel ins Freie stellen, dann wird die Temperatur in der Box um ein paar Grad höher sein als die Umgebungstemperatur. Vergessen Sie aber nicht, die Box an warmen Tagen zu lüften. Dies geht am besten, indem Sie ein Stöckchen unter den Rand des Deckels klemmen. Sonst laufen die zarten jungen Pflänzchen Gefahr, durch einen Hitzestau geschädigt zu werden.

Für das Aussäen von Samen können Sie eigentlich so gut wie jedes Gefäß nehmen. Zu empfehlen sind beispielsweise Plastikschalen, Töpfe, Eierschachteln und sogar Verpackungen aus dem Supermarkt. Plastikschalen mit Deckel, ähnlich den Supermarktverpackungen für Beeren, Trauben oder Pfirsichen, leisten gute Dienste als Minigewächshaus. Diese Verpackungen sind gewöhnlich oben und unten mit Löchern versehen, sodass eine ausreichende Entwässerung und Belüftung gewährleistet ist. Ansonsten können Sie natürlich auch Löcher hineinschneiden.

Links: ***Durchsichtige Aufbewahrungsboxen aus Plastik sind als Frühbeet ideal. Wenn Sie den Deckel geschlossen halten, dann können Sie die Temperatur im Innern der Box erhöhen. Dies ist wichtig, da Samen ganz dringend Wärme benötigen, um keimen zu können.***

Oben: ***Nachdem Sie Ihre Bohnensamen gesetzt haben, können Sie deren Wachstum etwas beschleunigen, indem Sie den Kompost mit einem Stück Glas abdecken. (Aus Sicherheitsgründen sollte das Glas keine scharfen Kanten haben).***

Durchsichtige Plastiktrinkflaschen können auf vielfältige Weise verwendet werden: um Pflanzen tröpfchenweise gießen zu können, um ein provisorisches Frühbeet zu schaffen oder um junge Pflanzen vor Schnecken zu schützen.

Die Papprollen im Innern von Toilettenpapier und Küchentüchern lassen sich in wundervolle, biologisch abbaubare Töpfe verwandeln, die besonders für größere Samen wie Erbsen oder Bohnen geeignet sind. Mit Hilfe eines zweiteiligen, hölzernen Stempels kann man ganze leicht nützliche kleine Töpfe aus Zeitungspapier herstellen (siehe Seite 25).

Links: ***Eine abgeschnittene Plastikwasserflasche eignet sich hervorragend als „Rundumschutz" für junge Pflanzen.***

Unten: ***Einige Samen, wie zum Beispiel Basilikum, keimen erstaunlich gut. Damit die älteren Pflanzen genügend Platz zum Wachsen haben, sollten Sie sie bereits im Vorfeld etwas ausdünnen und auseinandersetzen.***

Oben: ***Nutzen Sie den Platz rund um den Stamm von eingetopften Bäumchen, um Salate, Frühlingszwiebeln oder Rauke zu pflanzen.***

Wenn Sie die Samen sparsam setzen, dann müssen Sie die Setzlinge später beim Ausdünnen nicht allzu sehr stören. Wenn Sie kleinere Samen säen, zum Beispiel die von Karotten, dann kann es manchmal ganz hilfreich sein, sie mit etwas Sand zu vermischen, denn dieser sorgt dafür, dass die Samen sich besser verteilen können. Bei größeren Samen wie Zucchini, Erbsen, Gurken oder Bohnen setzen Sie am besten je zwei Samen in einen Topf und mustern dann, wenn beide Pflanzen ihre ersten Blätter haben, die schwächere von beiden aus.

Danach kommt dann das Pikieren an die Reihe – also das Aussuchen der gesündesten Keimlinge und das anschließende Umtopfen derselben. Dazu müssen diese allerdings in einen neuen Kompost gepflanzt werden und zwar etwas weiter auseinander als zuvor (siehe Seite 16).

Als Nächstes müssen Sie Ihre Pflanzen widerstandsfähig machen – der wohl wichtigste Schritt zwischen dem geschützten Wachstum des Keimlings und dem dauerhaften Aufenthalt der robusten, älteren Pflanze im Freien. Dafür brauchen Sie Ihr Frühbeet lediglich für einige Stunden am Tag offen zu lassen. Wenn die Nächte dann schließlich wärmer werden und keine Frostgefahr mehr besteht, können Sie den Deckel ganz weglassen.

Zwischenfruchtanbau

Zwischenfruchtanbau bedeutet, dass man eine kleinere, rasch wachsende Pflanze zwischen langsamer wachsende, größere Gemüsesorten setzt. Die schnell wachsende Pflanze ist dann genau zu dem Zeitpunkt voll entwickelt, an dem die langsamer wachsende zunehmend mehr Platz benötigt. Häufig findet man unter diesen Paarungen Salate, die um Kohlköpfe bzw. Broccolistauden herum wachsen, und Radieschen und Frühlingszwiebeln, die zwischen Karotten hervorsprießen.

Auch dekorative Bäumchen werden häufig in Töpfen angepflanzt. Um die Baumstämme herum können Sie Salatpflanzen setzen – Blattsalate oder Frühlingszwiebeln, ja sogar größere Zwiebeln. Dasselbe gilt für Rauke, Rettich und Salate, von denen die erntereifen Blätter abgeschnitten werden. Graben Sie etwas Bio-Dünger in den Kompost ein und pflanzen Sie dann die Zwischenfrüchte ein.

Junge Pflanzen kaufen

Wenn Sie nicht die Zeit oder den Platz haben, um all Ihr Gemüse selbst zu züchten, dann können Sie auch bereits angezogene Pflanzen kaufen. Gute Gärtnereien bieten gesunde Pflanzen zum Kauf an, die dann gleich ins Freie gepflanzt werden können. Es ist eine vernünftige Idee, Tomaten auf diesem Wege zu erstehen, denn dann können Sie eine Auswahl verschiedener Sorten treffen und diese dann zusammen anbauen. Chilis, Auberginen und Gurken sind für gewöhnlich auch als junge Pflanzen erhältlich. Sie werden meist im späten Frühjahr ins Freie gepflanzt, wenn die Gefahr von Nachtfrösten vorüber ist.

Ganz oben: ***Wenn Sie wollen, dass Ihre Erdbeeren im Sommer fruchten, sollten Sie die Pflanzen bereits frühzeitig kaufen.***

Oben: ***Wenn Sie nicht genügend Platz zur Verfügung haben, um Chilis zu Beginn der Pflanzsaison aus Samen zu ziehen, dann sollten Sie sich junge Chilipflanzen kaufen. Achten Sie aber nach Möglichkeit darauf, dass diese biologisch angebaut wurden.***

Rankhilfen

Einige Pflanzen benötigen eine zusätzliche Stütze, um daran hochranken bzw. um darüber hinausklettern zu können. Erbsen lässt man für gewöhnlich an Erbsenstöcken emporwachsen. Diese können aus allen möglichen Holzarten hergestellt sein (siehe Seite 114). Die Höhe der Erbsenstöcke hängt von der jeweiligen Erbsensorte ab. Sie reicht von einigen Zentimetern bis zu stattlichen 1,8 m. Stangenbohnen erreichen eine erstaunliche Höhe und müssen daher die Möglichkeit haben, um Stangen oder Rohre herum zu wachsen. Brechbohnen muss man von Zeit zu Zeit etwas stutzen, damit sie nicht zu lang werden und über die Seiten des Behälters herabwachsen. Darüber hinaus lassen sich Bohnen leichter ernten, wenn sie eine entsprechende Stütze haben.

Töpfe aus Zeitungspapier herstellen

Die besten Töpfe sind die, die direkt in die Erde gepflanzt werden können und sich dann allmählich von selbst zersetzen wie die hier beschriebenen Zeitungstöpfe. Sie ersparen einem Arbeit, da man die Pflanzen später nicht aus den Töpfen nehmen muss und die Keimlinge sind außerdem gesünder, da ihre Wurzeln nicht verletzt werden, wie das beim Umsetzen in einen größeren Topf leicht geschehen kann. Nicht zuletzt hat auch die Umwelt einen Nutzen davon, denn man benötigt keine Plastikbehälter.

Diese Töpfe werden hergestellt, indem man zusammengefaltete Zeitungsstreifen um ein hölzernes Hilfsmittel faltet, das aus einem Zylinder und einem Stempel besteht. Der Zylinder wird dabei fest auf die hölzerne Basis des Stempels gedrückt, sodass das Papier gefaltet wird und so später einmal die Form eines Topfs annimmt. Töpfe aus Zeitungspapier sind ideal für alle Arten von Erbsen und Bohnen, denn diese bilden lange Wurzeln aus, die das Papier später einfach durchdringen.

Oben: *Reißen Sie eine Zeitung in Streifen von etwa 10 cm Breite und 50 cm Länge. Wickeln Sie einen Zeitungsstreifen ein paar Mal um den Zylinder, sodass das Papier am oberen Rand etwas übersteht. Lassen Sie das Papier um unteren Ende etwa 3 cm überstehen und drücken Sie den Zylinder dann fest auf den Stempel, sodass das Papier zusammengefaltet wird und auf diese Weise den Boden des Töpfchens bildet. Entfernen Sie anschließend den Zylinder, indem Sie ihn vorsichtig aus dem Zeitungspapier heben. Nun können Sie den Topf mit Kompost füllen und mit dem Bepflanzen beginnen.*

Gießen und Mulchen

Wenn man Pflanzen in Töpfen anbaut, ist es wichtig, mit dem Gießen besonders vorsichtig zu sein. Ein Topf kann nur eine kleine Menge Wasser aufnehmen und bei den meisten Töpfen geht das Wasser durch Verdunstung ab, meist durch die Oberfläche des Komposts. Ein löchriger Behälter, wie beispielsweise ein Korb, sollte daher innen mit Plastikfolie ausgelegt werden. Vergessen Sie aber nicht, Drainagelöcher in den Boden zu machen, denn zu viel Wasser kann genauso schädlich sein wie zu wenig. Um den Abfluss des Wassers zu verbessern, können Sie einfach eine Schicht alter Tonscherben auf den Boden des Topfs legen, bevor Sie diesen mit Kompost füllen. Steine, Kiesel, Kies, grober Sand und sogar Styroporstückchen sind dafür ebenfalls geeignet.

Es gibt zahlreiche Produkte, die dabei helfen sollen, Wasser im Kompost zu speichern. Meist sind dies Granulate, die aufquellen, sobald sie Wasser aufgenommen haben. Sie sollten allerdings mit Sorgfalt und auch nur in kleinen Töpfen verwendet werden. Obgleich einige Projektvorschläge in diesem Buch wasserspeichernde Granulate nutzen, bin ich generell kein Anhänger von ihnen, denn sie verändern einen natürlichen Prozess und können im schlimmsten Fall zu Vernässung führen.

Wann gießen?

Es ist ratsam, den Kompost jeden Tag zu begutachten und darauf zu achten, dass die Pflanzen genügend Wasser haben. Außerdem sollten Sie sich für das Gießen nach Möglichkeit Zeit nehmen. Die besten Zeiten zum Gießen sind die frühe Morgen- und die späten Abendstunden, denn in der heißen Mittagssonne können die Wassertropfen Ihre Pflanzen schädigen, da sie die Sonnenstrahlen wie eine Linse bündeln und so die Blätter verbrennen. Wenn Sie zur falschen Zeit zu wenig gießen, dann kann es vorkommen, dass die Wurzeln der Pflanze nach oben wachsen und dabei in der Sonne verbrennen.

Mulche

Gegen Verdunstung können Sie Mulch um die Stiele der Pflanzen herum auf die Oberfläche der Erde streuen. Rindenmulch ist eher dunkel. Klein gebrochenes Porzellan oder Meeresmuscheln sind dagegen wesentlich dekorativer. Beinwellblätter sind ebenfalls dekorativ und darüber hinaus auch noch besonders nährstoffreich. Wenn Sie Erdbeeren anbauen, dann sollten Sie diese auf Stroh betten, denn dieses verhindert nicht nur, dass die Erdbeeren auf der feuchten Erde liegen, sondern schützt sie außerdem vor Schnecken.

Die Farbe bzw. die Helligkeit von Mulchen kann von Bedeutung sein. So bewirkt zum Beispiel der helle Farbton von zerbrochenen Meeresmuscheln um Mangoldpflanzen herum, dass das Licht reflektiert und so das Wachstum der Pflanzen beschleunigt wird.

Links: ***Mulche sind nicht nur praktisch, sondern auch dekorativ. Sie können aus zerbrochenen Meeresmuscheln, Kies oder Schieferstückchen bestehen. Sie erhalten sie in Gartencentern und bei diversen anderen Anbietern.***

Rechts: ***Mit Mulchen kann man hervorragend die bloße Erde in Töpfen und anderen Behältern abdecken. Hierfür eignet sich eine Vielzahl von Materialien. Versuchen Sie es doch einmal mit Stroh, geschliffenen Kieselsteinen, klein gehäckselter Rinde oder mit Porzellan- bzw. Terrakottascherben.***

Krankheiten und Schädlinge

Es wird oft viel Aufhebens gemacht um Schädlinge und Pflanzenkrankheiten. Die Chemieindustrie ist daran nicht unwesentlich beteiligt, denn schließlich geht es ihr vorrangig darum, Produkte zu verkaufen, die diesen Problemen entgegenwirken sollen. Kommerzielle Präparate sollten Sie daher nach Möglichkeit meiden, obgleich es auch einige wenige ungefährliche Chemikalien gibt, die Sie für den biologischen Pflanzenanbau verwenden können.

In der Praxis hat es sich gezeigt, dass der beste Weg zur Vermeidung von Krankheiten und Schädlingen darin besteht, mit Hilfe eines ausgewogenen Komposts kräftige, gesunde Pflanzen heranzuziehen. Bauen Sie nicht zu viele Pflanzen auf zu kleinem Raum an, sorgen Sie für eine gute Luftzirkulation und achten Sie außerdem darauf, dass Ihre Pflanzen genügend Licht haben. Sonnenlicht ist wichtig, aber vermeiden Sie, dass die Pflanzen zu viel Hitze abbekommen. Gießen Sie sie regelmäßig und düngen Sie nur in kleinen Mengen. Auf keinen Fall sollten Sie mehr Dünger verwenden als auf der Packung angegeben. Wenn Sie Ihr Gemüse im sicheren Schutz von Töpfen und anderen Behältern anbauen, dann ist es allerdings eher unwahrscheinlich, dass Sie sich mit ernsthaftem Schädlingsbefall auseinandersetzen müssen.

Möhrenfliegen und Flohkäfer

Glücklicherweise richten diese beiden besonders lästigen Plagegeister bei in Töpfen angebautem Gemüse nur minimalen Schaden an, einfach deshalb, weil sie nicht höher als 20 cm fliegen können. Die Made der Möhrenfliege gräbt sich tief in die Karotte hinein und der Flohkäfer nagt winzige Löcher in Rettiche, Rauke und Kohlgewächse.

Bei Gemüse, das in Töpfen angebaut wird, können diese Schädlinge dadurch ferngehalten werden, dass man eine niedrige Absperrung um die Reihen der Pflanzen errichtet. Zwar gibt es mittlerweile zahlreiche Produkte zu kaufen, mit deren Hilfe Sie Ihr Gemüse gegen diese Schädlinge schützen können, doch ein einfacher, dünner Nylonstoff dürfte nach wie vor die beste und einfachste Lösung sein.

Oben: ***Sammeln Sie die Schnecken nachts von den Pflanzen, indem Sie diese mit einer Taschenlampe absuchen.***

Nackt- und Gehäuseschnecken

Nackt- und Gehäuseschnecken sind richtige Gierschlunde, die durch frisches, neues Grün angezogen werden und eine Pflanze über Nacht komplett vernichten können. Da so gut wie alle Gärtner diese Schädlinge hassen, wird auch bei Weitem zu viel Schneckengift gestreut. Das Ergebnis ist, dass der Boden verseucht wird und die vergifteten Überreste der Schnecken von Kröten, Drosseln und Igeln gefressen werden, was dann wiederum fatale Folgen für diese nützlichen Kreaturen hat. Es gibt ein für biologisch angebaute Pflanzen zugelassenes Pellet auf dem Markt, das aus eisenhaltigem Sulfat besteht, aber die beste Methode zur Bekämpfung von Schnecken besteht immer noch darin, aufmerksam zu sein und die Tiere von den Pflanzen und Behältern zu sammeln. Nackt- und Gehäuseschnecken schlafen tagsüber unter den Rändern von Töpfen oder an schattigen Orten und gehen erst bei Nacht auf Futtersuche. Wenn Sie also Ihre Pflanzen zu später Stunde mit einer Taschenlampe absuchen, dann werden Sie sicher fündig werden. Sammeln Sie die Schnecken in einem Eimer mit Salzwasser, denn darin finden sie einen schnellen Tod.

Eine weitere Möglichkeit, Schnecken fernzuhalten, besteht in der Anbringung einer mechanischen Absperrung um junge Pflänzchen herum, z. B. eine

Plastikwasserflasche, bei der der Boden abgeschnitten wurde. Oder Sie wickeln einen schmalen Streifen Kupferblech um das obere Ende eines Topfs, das hält Schnecken ebenfalls fern.

Ausgehöhlte Grapefruithälften, mit der Schale nach oben zwischen Ihre Gemüsepflanzen gelegt, stellen für Nackt- und Gehäuseschnecken attraktive Verstecke dar. Sie brauchen sie dann nur morgens umzudrehen und die Übeltäter zu entfernen.

Blattläuse

Sowohl grüne als auch schwarze Blattläuse können eine Pflanze schädigen, indem sie ihren Saft aussaugen. Deutliche Zeichen für Blattlausbefall sind verwelkte und verkümmerte Blätter. Die kleinen Insekten sind ein saftiger Leckerbissen für Jungvögel, aber auch Schwebfliegen und Marienkäferlarven sind auf Blattläuse als Nahrungsquelle angewiesen. Sollte der Befall bei Ihren Pflanzen zu merklichen Schäden führen, dann richten Sie einfach einen kräftigen Wasserstrahl aus dem Gartenschlauch auf die kleinen Übeltäter. Das hilft meistens.

Katzen und Vögel

Wenn Sie Ihre Pflanzen auf einer Veranda, einer Dachterrasse oder auf einem Fensterbrett anbauen, dann werden Sie zwar nicht von Hasen, Rehen oder Mäusen belästigt werden, dafür aber möglicherweise von Katzen. Katzen lieben frischen Kompost und meinen vielleicht, Sie hätten ihnen ein bequemes Katzenklo hingestellt. Solange Ihre Pflanzen am Wachsen sind, können Sie einen harten Mulch aus Porzellanscherben oder Muscheln verwenden. Dünne Äste, die aus der Erde ragen, erfüllen denselben Zweck.

Vögel sind eher ein Problem. In Städten richten Tauben oft beträchtlichen Schaden an. Sie picken mit Vorliebe in Erbsen, Saubohnen, Mangold und Kohlköpfe. Amseln lieben Beeren aller Art, obwohl Himbeeren offensichtlich nicht zu ihrem Speiseplan gehören. Einfache Tricks zeigen hier oft eine große Wirkung. Alles, was flattert, verscheucht sie. Darüber hinaus können Sie alte CDs aufhängen, denn die silberfarbene Seite der CD reflektiert die darauf treffenden Lichtstrahlen. Auch Streifen aus bunter Plastikfolie, an einer Schnur über Ihren Pflanzen befestigt, kann Vögel vertreiben.

Gute Pflanzennachbarschaften

Bauen Sie Ihr Gemüse nach Möglichkeit zusammen mit speziellen Blütenpflanzen an, denn diese „Nachbarpflanzen" ziehen viele nützliche Insekten an, die auch Ihr Gemüse bestäuben werden. Wenn Sie zum Beispiel Schnittlauch oder Knoblauch Seite an Seite mit Karotten anbauen, dann werden dadurch die gefürchteten Möhrenfliegen ferngehalten und das beißend scharfe Aroma von Basilikum bzw. Tagetes in Kombination mit Tomaten vertreibt erfolgreich weiße Fliegen.

Bohnenkraut und Thymian, die um Saubohnen herum wachsen, halten schwarze Blattläuse fern, während der stattliche Fenchel und der dekorative Borretsch mit seinen blauen, sternförmigen Blüten Bienen und Schwebfliegen anlocken, die beiden nützlichsten Insektenarten im Gemüsegarten.

Oben: ***Die bei weitem nützlichste und bewährteste Nachbarpflanze ist die leuchtend orangefarbene Tagetes, auch Studentenblume genannt, die mit ihrem penetranten Geruch weiße Fliegen und diverse Lausarten vertreibt. Sie hat außerdem den Vorteil, dass sie recht lange blüht.***

Wichtige Kräuter

Kräuter gedeihen auch auf engstem Raum, so zum Beispiel auf einem kleinen Balkon oder in der Küche. Die meisten Kräuter lassen sich problemlos in Töpfen oder anderen Behältnissen ziehen, vorausgesetzt, sie haben einen guten Kompost, viel Licht sowie ausreichend Sonne und Wärme. Wenn Sie bislang noch wenig Erfahrung mit dem Gärtnern haben, dann bietet es sich an, zunächst einmal mit dem Anbau von Kräutern zu beginnen. Sie werden sehen, es wird nicht lange dauern und Sie werden auch auf dem Gebiet des Gemüseanbaus versiert sein. Dann können Sie aus Ihren Kräutern und Ihrem Gemüse köstliche Gerichte zubereiten.

Lauchgewächse zählen zu den winterharten, mehrjährigen Kräutern, die auch bei vergleichsweise niedrigen Temperaturen überleben können. Zu dieser Familie gehört unter anderem der Schnittlauch, ein äußerst nützlicher Begleiter im Kräutergarten, der nicht nur einfach anzubauen ist, sondern außerdem wunderschöne violette, essbare Blüten hat. Winterzwiebeln sind eigentlich ähnlich wie Schnittlauch, nur dass sie eher zwiebelartige, gehöhlte Blätter aufweisen, während für den Knoblauch streifenförmige, flache Blätter sowie hübsche weiße Blüten charakteristisch sind.

Süßer Majoran, Oregano, Bohnenkraut und Thymian gedeihen auch unter trockenen Bedingungen. Der etwas größere, buschige Estragon braucht zwar mehr Platz, aber auch er sollte in keinem Kräutergarten fehlen. Achten Sie darauf, den französischen Estragon anzubauen und nicht den russischen, denn Letzterer hat einen eher faden Geschmack. Rosmarin und Salbei sind große, immergrüne Büsche mit verzweigten, holzigen Ästen. Beide sollten in ausreichend große Töpfe mit genügend Kompost gepflanzt werden. Oft werden auch verschiedene Arten von Minze angebaut. Die Taschkent-Minze und die marokkanische Minze eignen sich zum Beispiel hervorragend für die Zubereitung von Tee.

Einjährige Kräuter sollten aus Samen gezogen werden. Zu den unentbehrlichen Sorten gehören zum Beispiel Basilikum, Dill und Koriander. Einjährige Kräuter blühen und versamen sich nur eine Saison lang. Um die Erntezeit etwas zu verlängern, sollten Sie die Blüten daher entfernen, solange diese noch jung und zart sind.

Auch Petersilie und Kerbel sind bekannte und beliebte Kräuter. Sie sind zweijährige Pflanzen, was bedeutet, dass sie nicht in dem Jahr blühen und Samen produzieren, in dem sie gesetzt wurden, sondern erst im Jahr darauf. Kerbel, dessen Stiele aus einem beachtlichen Berg von federartigen Blättern hervorwachsen, ist ebenfalls ein allseits beliebtes Küchenkraut. Er ist winterfest und samt sich im Frühjahr von selbst aus.

Ein bunter Kräuterkorb

Sie brauchen:

- einen alten Korb
- eine Plastikfolie für die Korbinnenseite
- eine Filzmatte zum Auskleiden des Korbs
- Kompost
- wasserspeichernde Granulate
- Kräuter, zum Beispiel glatte Petersilie, Thymian, Zitronenthymian oder Majoran
- Rindenmulch

Die traditionellen Binsenkörbe sind nach wie vor fast überall erhältlich und im Allgemeinen auch von guter Qualität; alte Exemplare aus den Fünfzigern sind oftmals mit dekorativen Streifen aus Plastik versehen, mit denen dann sowohl der Rand als auch der Griff des Korbs umwickelt wurden. Wenn Sie einen alten Korb haben, der schon etwas verschlissen und für den Einkauf nicht mehr geeignet ist, dann können Sie ihn in einen Kräuterkorb verwandeln. Er sollte allerdings groß genug sein, um ausreichend Kompost aufnehmen zu können. Auf jeden Fall müssen Sie die Innenseite des Korbs auskleiden, zuerst mit Plastikfolie, um die natürlichen Materialien des Korbs zu schützen, und anschließend mit Filz. Durch die Zugabe von wasserspeichernden Granulaten wird der Kompost außerdem feucht gehalten. Der Rindenmulch sorgt ebenfalls für geringere Verdunstung.

Der Grüne *Tipp*

Nicht nur Thymian (alle möglichen Arten von Thymian, aber besonders der Zitronenthymian), sondern auch glatte Petersilie, Majoran und Schnittlauch lassen sich in Töpfen ziehen.

Rechts und rechts außen: ***Sie können Ihre Kräuter natürlich als Setzlinge kaufen und diese später in größere Behälter umtopfen. Die Pflänzchen sind zwar meist nicht teuer, aber es macht mehr Spaß, Kräuter aus Samen selbst zu ziehen.***

1 Kleiden Sie den Korb mit Plastikfolie aus. Schneiden Sie einige Schlitze in den Boden, damit überschüssiges Wasser ablaufen kann.

2 Legen Sie die Filzmatte auf die Plastikfolie und drücken Sie sie in Form. Passen Sie die Ränder der Matte der Form des Korbs an.

3 Geben Sie den Kompost hinein und mischen Sie in den Teil des Komposts, der den Boden des Korbs ausfüllt, etwas wasserspeicherndes Granulat.

4 Pflanzen Sie nun die Kräuter in den Kompost, den Thymian nach vorne und Petersilie sowie Majoran nach hinten. Gießen Sie alles gut an und mulchen Sie die Erde.

Kleine Kräuterkunde

- Fangen Sie mit den bekannten Küchenkräutern an. Danach können Sie immer noch ein paar exotischere Sorten ausprobieren und mit diesen neue Rezepte kreieren.
- Basilikum ist unverzichtbar, wenn Sie Kräuter in Töpfen ziehen möchten (siehe Seite 38 und 42). Jedes der winzigen schwarzen Samenkörner wird später einmal aufkeimen, und wenn die kleinen Setzlinge die richtige Größe zum Eintopfen haben, dann sind sie außerdem ein perfektes Geschenk für jeden begeisterten Koch.
- Kerbel, eines meiner Lieblingskräuter, ist nicht ganz so bekannt und schmeckt etwas nach Anis (siehe Seite 36). Es passt hervorragend zu Salaten und zu Frühkartoffeln mit Butter.
- Fenchel sieht mit seinen federartigen, grünen bzw. bronzefarbenen Blättern sehr hübsch aus. Er will in tiefe Behältnisse eingepflanzt werden, damit seine langen Wurzeln genügend Platz haben.
- Buschartige, mehrjährige Pflanzen wie zum Beispiel Rosmarin oder Salbei benötigen große Töpfe und dazu einen Kompost, der anteilig mehr Erde enthält als der sonst für Kräuter übliche Kompost.
- Auch Dill, Koriander und Sommerbohnenkraut sind hervorragend für den Anbau in Töpfen geeignet. Damit diese Kräuter gesund bleiben und reichlich Ertrag bringen, sollten Sie sie regelmäßig gießen und zwischendurch immer wieder ernten.
- Minze ist eine wild wuchernde Pflanze und muss, wenn sie in Töpfen angebaut wird, regelmäßig gestutzt werden (siehe Seite 45), ansonsten überwuchert sie mit der Zeit alles, was sich ihr in den Weg stellt. Topfen Sie die Pflanze öfter um und füllen sie die Erde immer wieder aufs Neue auf, denn dadurch behält die Minze ihr kräftiges Aroma.

Oben: ***Koriander wächst sehr schnell und wird häufig in der orientalischen und asiatischen Küche verwendet. Damit die Pflanze nicht blüht, müssen Sie regelmäßig die Blätter abzupfen.***

Rechts: ***Die Blätter des afrikanischen Basilikums sind ebenfalls fürs Kochen geeignet. Sie haben ein milderes Aroma.***

Rechts außen: ***Die Blätter des violetten Salbeis haben eine prächtige Färbung.***

Ganzjähriger Kerbel

Kerbel ist ein hübsches Kraut und im Grunde sollte er besser bekannt und weiter verbreitet sein, als es der Fall ist. Er hat zarte, farnähnliche Blätter und weiße Blüten, ähnlich denen der Doldenblütler oder der Petersilie. Die älteren Blätter nehmen häufig eine zartlila Färbung an, insbesondere bei kaltem Wetter.

Kerbel ist in der französischen Küche weit verbreitet und wird für die Zubereitung von Salaten, Suppen, Saucen und Omelettes verwendet. Man kann ihn leicht selbst aus Samen ziehen und er gedeiht besonders gut im Halbschatten unter kühlen, feuchten Bedingungen. Überraschenderweise ist Kerbel ein winterhartes Gewächs und ist so eines der wenigen Kräuter, die das ganze Jahr über wachsen. Darüber hinaus ist Kerbel ein Meister, was das Selbstaussamen angeht. Obwohl Sie die Samen bereits im Frühjahr in die Erde pflanzen können, gedeiht Kerbel meiner Meinung nach doch besser, wenn Sie ihn erst ab der Mitte des Sommers aussäen.

Der grüne *Tipp*

Wenn Sie Kerbel in einer feuchten Periode aussäen, achten Sie gut auf Nackt- und Gehäuseschnecken. Tipps dazu, wie Sie die Tiere in Schach halten können, finden Sie auf Seite 28.

Rechts außen: ***Ein Weidenkorb ist ein idealer Behälter für Kerbel. Mit Plastik ausgekleidet geht auch nicht zu viel Feuchtigkeit verloren.***

Rechts: ***Kerbel ist eine winterharte, zweijährige Pflanze mit zarten, filigranen Blättern. Er verträgt reichlich Schatten und sogar Kälte, sodass er auch im Winter gedeiht. Licht und Temperatur haben einen unmittelbaren Einfluss auf die Blätter. Die gelegentlich auftretenden violetten Blätter machen sich übrigens sehr hübsch als dekorative Salatzutat. Damit Sie immer genügend frischen Kerbel im Haus haben, sollten Sie die Samen erst in der zweiten Hälfte des Sommers aussäen und zwar regelmäßig alle paar Wochen.***

Basilikum im Tontopf

Sie brauchen:

Basilikumsamen (Genoveser Basilikum)
Saatkompost
Saatkiste
Tontopf
geeignete Blumenerde, gemischt mit torffreiem Allzweckkompost
Pflanzstock

Eines der Kräuter, ohne das ich nicht auskommen könnte, ist Basilikum. Sein Duft nach Nelken und Anis ist von allen Kräutern sicherlich der intensivste. Basilikum ist nicht nur ein perfekter Partner für Tomaten, sondern gleichzeitig auch die Hauptzutat für Pesto, die beste Sauce, die je erfunden wurde. Für die Herstellung von Pesto brauchen Sie einfach nur einige frische Basilikumblätter klein zu hacken und diese mit nativem Olivenöl Extra, zerstoßenen Pinienkernen, geriebenem Parmesan und gehacktem Knoblauch vermischen.

Basilikum lässt sich einfach anbauen und gedeiht sowohl drinnen als auch draußen, solange es an einem warmen, sonnigen Plätzchen steht. In Mittelmeerländern sieht man es häufig auf Fensterbrettern und Türstufen, manchmal in leere Olivenölkanister gepflanzt. Jede Sorte hat ihren ganz eigenen Geschmack.

Die am häufigsten anzutreffende Sorte ist wohl das Genoveser Basilikum (Ocimum basilicum). Es sind einjährige Pflanzen, deren Samen jedes Jahr neu ausgesät werden müssen, da sie im Herbst wieder absterben. Die buschig wachsenden, aromatischen Blätter sind groß und gekräuselt und verströmen ihren markanten Duft bei der leichtesten Berührung. Thaibasilikum hat kleinere Blätter mit violetter Unterseite und wird vorwiegend für thailändische Saucen und Curries verwendet. Es schmeckt etwas stärker nach Anis und wird immer gekocht. Strauchbasilikum, auch Griechisches Basilikum genannt, hat kleinere Blätter und ist eine dekorative Pflanze mit einem leicht gedrungenen Wuchs. Sein Geschmack ist nicht ganz so intensiv wie der des Genoveser Basilikums.

Der grüne Tipp

Selbst gezogene Basilikumpflanzen, die in nährstoffreichem Kompost in der Sonne heranreifen durften, schmecken ganz anders als die wässrigen Pflänzchen aus dem Supermarkt. Basilikum bringt den gesamten Sommer über Ertrag. Damit es länger hält, sollten Sie regelmäßig die Blütentriebe entfernen.

Rechts: ***Setzen Sie einige Basilikumpflanzen in einen nicht zu kleinen Terrakotta-Tontopf und Sie werden den ganzen Sommer über mit duftenden Basilikumblättern versorgt sein.***

1 Befüllen Sie die Saatkiste mit Saatkompost und drücken Sie diesen leicht an. Streuen Sie einige Basilikumsamen darauf und bedecken Sie sie anschließend mit einer dünnen Schicht Kompost. Verwenden Sie eine feine Brause zum Angießen, stellen Sie die Kiste an einen warmen Ort und lassen Sie die Samen in Ruhe keimen.

2 Waschen Sie den Tontopf gründlich aus und legen Sie ein paar große Steine oder Tonscherben hinein, damit das Wasser später besser abfließen kann.

3 Befüllen Sie den Topf mit Substrat und drücken Sie es fest. Graben Sie mit einer Pflanzhilfe Löcher in die Erde – groß genug, dass die Wurzeln nicht beschädigt werden.

4 Heben Sie die Setzlinge mit Hilfe des Pflanzstockes vorsichtig aus der Saatkiste. Halten Sie sie lediglich an den Blättern fest, damit die zarten Stängel nicht gedrückt oder verletzt werden.

5 Pflanzen Sie die Setzlinge mit etwas Abstand zueinander in den Topf, denn dadurch haben sie später nicht nur genügend Platz zum Wachsen, sondern auch ausreichend Nährstoffe zur Verfügung. Gießen Sie die Setzlinge gut an und lassen Sie sie nicht in der heißen Sonne stehen, jedenfalls so lange nicht, bis sie gut verwurzelt sind. Gießen Sie die Pflanzen regelmäßig und lassen Sie ihnen Zeit zum Wachsen.

Rechts: ***Violett gekräuseltes Basilikum ist eine ausgefallene Variante des Genoveser Basilikums. Es ist weniger kältebeständig als das grüne Basilikum und seine Blätter schmecken auch nicht ganz so aromatisch. Dafür ist es ein ungewöhnlicher und spektakulärer Farbtupfer in jedem Salat.***

Basilikum und Salbei

Diese beiden buschartigen Sträucher gedeihen sehr gut in Töpfen, jedenfalls solange diese tief genug sind, um ausreichend Kompost fassen zu können. Denken Sie bitte daran, dass vor allem das Afrikanische Basilikum im Winter an einen wärmeren Ort gestellt werden sollte, da es Kälte nicht besonders gut verträgt.

Rechts: *Das afrikanische Basilikum ist ein mehrjähriger Strauch, was bedeutet, dass es keine Samen ausbildet und auch nicht abstirbt. Es hat hübsche, bläulich gefärbte Blätter mit violetten Blattadern und dazu lange violette Blütenähren, welche Bienen anziehen.*

Oben: *Salbei ist, ähnlich wie Rosmarin auch, ein immergrüner Strauch aus dem Mittelmeerraum. Er hat einen markanten Geschmack, der sehr gut zu Leber, Kartoffeln und Kürbis passt. Zu den verschiedenen Varianten zählen nicht nur der bunte Salbei mit seinen cremefarbenen und weißen Flecken auf den pelzigen grauen Blättern, sondern auch der Violette, der Gewöhnliche und der Breitblättrige Salbei. Schneiden Sie den Strauch regelmäßig zurück und pflanzen Sie ihn nach etwa einem Jahr in einen größeren Topf um, sodass er mehr Platz zum Wachsen hat.*

Kräuter in schmalen, hohen Tontöpfen

Wenn Sie Interesse am Kochen und an frischen Zutaten haben, dann sollten Sie immer einen ausreichend großen Vorrat an Kräutern in Reichweite der Küche haben. Die Kräuter, die ich für diese schmalen hohen Töpfe ausgewählt habe, zählen zu den bekanntesten und beliebtesten des gesamten Mittelmeerraumes.

Unten: Wenn Sie nicht soviel Platz haben, dann pflanzen Sie Ihre Kräuter doch einfach in schmale, hohe Tontöpfe.

- Rosmarin (im großen Topf links) ist ein holziger, immergrüner Strauch, der mit Hilfe einer Hecken- oder Gartenschere in verschiedene Formen geschnitten werden kann. Häufig werden Lamm- oder Hühnchenfleisch vor dem Braten mit Rosmarin gewürzt und in Kombination mit Knoblauch schmeckt Rosmarin auch sehr gut zu Bratkartoffeln.
- Es gibt so viele verschiedene Thymiansorten, dass die Auswahl manchmal schwer fällt. Der Gewöhnliche Thymian mit den blassgrünen Blättern ist ein attraktiver kleiner Strauch (im großen Topf rechts). In dem kleineren Topf auf der rechten Bildseite ist ein rankender Thymian zu sehen, der hübsche rosafarbene Blüten ausbildet. Auch der Zitronenthymian, der Liebling aller Chefköche, eignet sich hervorragend zum Anbauen in Töpfen. Bei Thymian muss man immer darauf achten, dass die Pflanze regelmäßig zurückgeschnitten wird und nicht wild wuchert. Besonders gut schmecken Thymianzweige auf einem längs durchgeschnittenen Butternusskürbis. Vermengen Sie die Zweige hierfür mit etwas Meersalz und etwas gutem Öl und geben Sie die Mischung dann vor dem Backen auf die Kürbishälften.
- Goldener Majoran (in dem kleinen Topf links im Bild) ist ein ausladendes, buschiges Kraut, das jedes Frühjahr zurückgeschnitten werden sollte, um sich regenerieren zu können. Vermischen Sie es mit Roter Bete und Fetasalat und geben Sie anschließend noch etwas natives Olivenöl und frischen Zitronensaft dazu.
- All diese mediterranen Kräuter fühlen sich etwa ein Jahr lang in den hohen Tontöpfen wohl, doch sobald die Pflanzen zu ausladenden Sträuchern oder Büschen werden und mehr Platz brauchen, sollten Sie sie in größere Behälter umtopfen. Sie lieben Sonnenlicht und vertragen auch ein gewisses Maß an Trockenheit. Für den Anbau dieser Kräuter eignet sich am besten ein lehmhaltiger Kompost.

Minze in Zinkeimern

Oben: *Die helllila Blütenkelche der Schwarzstieligen Minze erscheinen erst gegen Ende der Saison und werden regelmäßig von Bienen besucht. Während die Pflanze blüht, riechen die Blätter der Minze nicht mehr ganz so intensiv. Wenn Sie die Blätter zum Kochen verwenden wollen, sollten Sie also die Blüten abschneiden. Sie können natürlich auch lediglich die duftenden Blätter der Grünen oder der Marrokanischen Minze klein hacken und die restlichen Minzsorten blühen lassen.*

Links: *Pflanzen Sie eine Auswahl verschiedener Minzsorten in alte, verzinkte Eimer. Sie müssen lediglich ein paar Drainagelöcher in die Böden der Eimer machen.*

Minze wird nicht nur in der Medizin verwendet (verdauungsfördernd und abschwellend), sondern auch in der Kosmetik (als reinigende und stimulierende Zutat), in der Küche (als Gewürz) und für die Zubereitung von Tees. Es gibt Hunderte verschiedener Sorten, jede mit ihrem ganz eigenen Geschmack. Bevor Sie sich also an den Anbau von Minze machen, um damit Getränke oder Speisen zu verfeinern, sollten Sie erst einmal die ausgewachsenen Minzsorten miteinander vergleichen, um herauszufinden, welche Ihnen davon am meisten zusagen. Dies geht am einfachsten, indem Sie die Blätter zwischen Ihre Finger nehmen und ganz leicht daran reiben. Die Marrokanische Minze und die Taschkent-Minze eignen sich besonders für die Zubereitung eines erfrischenden Tees, wohingegen Apfelminze häufig als Zutat für Kartoffelkochwasser verwendet wird. Die Polei-Minze, eine intensiv schmeckende, flach wachsende Pfefferminzart, macht sich sehr hübsch als ausladende Pflanze in den Ecken von Terrassen und an Wegrändern. Wenn Sie die Blätter beim Vorübergehen berühren oder auf sie treten, dann wird die Luft sofort von einem intensiven Duft erfüllt. Der Geruch hält auch die Mücken fern.

Es ist sinnvoll, Minze in einen Topf direkt in die Erde zu pflanzen, denn dadurch werden die schnell wuchernden Wurzeln davon abgehalten, andere Pflanzen in der näheren Umgebung zu überwuchern. Die Minze mag gerne etwas Schatten und braucht viel Feuchtigkeit. Wenn sie in einem Topf wächst, gedeiht sie etwa ein Jahr lang ohne Probleme. Sie entwickelt sich jedoch rasch zu einem großen Strauch und verbraucht dabei sämtliche Nährstoffe. Damit die Minze immer ihren frischen Geschmack behält, sollten Sie also jedes Frühjahr daran denken, die alte Erde gegen neue auszutauschen oder neue, junge Minzen zu pflanzen.

Diese alten Zinkeimer sind nicht teuer in der Anschaffung und eignen sich hervorragend als Behältnis für eine ganze Reihe unterschiedlicher Minzarten.

Minze anbauen

Wenn Sie kleine Minzepflanzen aus ihren ursprünglichen Anzuchtbehältern nehmen und in größere Töpfe umsetzen, dann werden Sie feststellen, wie schnell sich die Wurzeln in den neuen guten Kompost eingraben und dort anwachsen. Eventuell müssen Sie die rasch wachsenden Pflanzen im Frühjahr etwas auseinander setzen und den alten Kompost gegen neuen austauschen. Minze eignet sich auch sehr gut als „Nachbarpflanze", um unliebsame Insekten von anderen Pflanzen fernzuhalten. Aufgrund ihres rasanten Wachstums sollten Sie jedoch stets ein wachsames Auge darauf haben, wohin Sie sie pflanzen.

Winterzwiebeln und Schnittknoblauch

Schnittlauch, Schnittknoblauch und Winterzwiebeln gehören zur Familie der Lauchgewächse, ebenso wie Knoblauch und Lauch. Gewöhnlicher Schnittlauch sieht mit der Zeit oft etwas ramponiert aus, insbesondere dann, wenn er in Töpfen angebaut wird. Man sollte den Schnittlauch daher öfter zurückschneiden, damit die Blätter wieder frisch nachwachsen können. Schnittknoblauch hat streifenförmige Blätter mit einem milden Knoblauchgeschmack und wird vor allem in der chinesischen Küche verwendet. Die hübschen weißen Blüten sind essbar und blühen erst spät im Jahr. Diese Pflanze ist sehr dankbar und unkompliziert und da sie außerdem sehr dekorativ ist, trifft man sie auch in Blumenbeeten an.

Winterzwiebeln sind winterharte Pflanzen, die sehr hoch werden können. Ihre schlauchförmigen Blätter, die aus der knollenförmigen Zwiebel hervorsprießen, sind das ganze Jahr über grün und schmecken sehr intensiv nach Zwiebel.

Der grüne *Tipp*

Wenn Sie möchten, können Sie Schnittlauch, Schnittknoblauch und Winterzwiebeln aus Samen ziehen. Um Zeit zu sparen, sollte man Setzlinge kaufen. Sie wachsen rasch und bilden dabei zusätzliche Zwiebeln. Daher sollten Sie die Büschel von Zeit zu Zeit in die einzelnen Zwiebeln unterteilen und aus diesen neue Pflanzen züchten. Nehmen Sie hierfür einfach ein paar der Zwiebeln und setzen Sie sie dann zusammen in einen separaten Topf.

Links: ***Die weichen, weißen, kugelförmigen Blüten der Winterzwiebel befinden sich an den Spitzen der dicken, hohlen Stiele. Sie sind, ähnlich wie die feineren, violetten Blüten des Schnittlauchs, sehr dekorativ und werden in der Regel auch genauso wie diese verwendet.***

Rechts: ***Die Blüten des Schnittknoblauchs sind eine willkommene Abwechslung gegen Ende des Sommers, wenn alles andere abzusterben beginnt. Sie sehen sehr hübsch aus in dieser ungewöhnlichen, gerillten Tonpfeife. Stellen Sie diese am besten auf einen Topfuntersetzer oder einfach direkt auf die Erde.***

Blätter und Sprossen

Mein persönliches Ziel ist es, täglich frische, grüne Salatblätter ernten zu können, und zwar das ganze Jahr über. Damit dies gelingt, müssen die Salatsamen allerdings alle paar Wochen aufs Neue ausgesät werden. Im Winter sollten die Pflanzen außerdem vor Kälte und Nässe geschützt werden, am besten durch ein Frühbeet oder eine Folienabdeckung. Salate wachsen sehr schnell und sind im Grunde recht anspruchslos. Da sie Flachwurzler sind, lassen sie sich problemlos in Töpfen und anderen Behältern ziehen. Sie können für den Anbau Ihrer Salate zum Beispiel Fensterkästen, Waschschüsseln, Eimer und viele andere Gefäße aus Küche und Haushalt verwenden. Besonders geeignet sind allerdings Plastikgefäße, da hier die Wasserverdunstung minimal ist. Gießen Sie Ihre Salatpflanzen jeden Abend und sorgen Sie dafür, dass die Erde nie zu trocken wird. Längere Trockenheit hindert die Pflanzen nämlich am Wachstum und lässt ihre Blätter zäh und bitter werden. Für einen bunten Salat verwenden Sie am besten eine Mischung aus roten, grünen, gefleckten, gekräuselten und glatten Salatblättern. Sie werden sehen, jede Sorte hat ihren ganz eigenen Geschmack.

Was Sie unbedingt probieren sollten, ist die leicht nach Pfeffer schmeckende Rauke, auch Rucola genannt. Sowohl die wilde Rauke mit ihren hübsch gezackten Blättern als auch die gezüchtete Rauke mit ihren leicht nussig schmeckenden Blüten keimen und wachsen sehr schnell. Orientalische Salate – so zum Beispiel der Blattsenf mit seinen roten Blattadern, der japanische Mizuna mit seinen zarten, feingliedrigen Blättern und der Feldsalat – sollten eher im Spätsommer gesät werden. Sie scheinen besser auf kühleres Wetter und kürzere Tage zu reagieren. Wenn Sie in regelmäßigen Abständen immer wieder Samen ausstreuen, dann können Sie bis spät ins Jahr hinein Salatblätter ernten.

Auch Mangold gehört zu den Gemüsesorten, die nicht nur dekorativ, sondern auch vielseitig verwendbar sind. Bauen Sie am besten den Schweizer Mangold mit seinen breiten, weißen Blättern an oder irgendeine andere interessant gefärbte Sorte. Besonders faszinierend sind der Mangold Bright Lights mit seinen zitronengelben, rosafarbenen und weißen Rippen und der etwas exotischere Ruby Chard mit seinen pinkfarbenen bis dunkelroten Blattstielen.

Rote Bete und Karotten sehen besonders hübsch aus, wenn sie in farbenprächtige Behälter gepflanzt sind. Rettiche und Radieschen gedeihen zwar gut in Töpfen, vertragen aber keine Hitze, bzw. übermäßige Sonneneinstrahlung. Sie sollten sie daher an einen feuchtkühlen Platz stellen und alle zwei Wochen frisch aussäen, damit Sie immer genügend Nachschub haben.

Wilde Rauke in einem Küchensieb

Sie brauchen:

- torffreien Allzweckkompost
- eine Kokosfaser- oder Filzmatte für die Innenauskleidung des Siebes
- eine wasserspeichernde Matte
- ein Küchensieb aus Aluminium, so groß und breit wie möglich
- biologisch angebaute Raukesamen

Der grüne *Tipp*

Ernten Sie die Rauke erst dann, wenn sie einige kräftige Blätter hat. Nachdem Sie die Blätter einige Male abgeschnitten haben, wird die Rauke zu blühen beginnen. Daher sollten Sie ein paar Wochen nach der ersten Aussaat ein zweites Mal Rauke ausgesät haben, damit Sie kontinuierlich ernten können.

Rauke ist unkompliziert anzubauen, was Sie zu einer beliebten Pflanze im Gemüsegarten macht. Da sie schnell keimt und reift, kann sie den gesamten Sommer über ausgesät und geerntet werden. Natürlich können Sie die Samen auch nur ein- oder zweimal aussäen und die daraus wachsenden Pflanzen nur teilweise abernten, sodass immer wieder neue Blätter nachwachsen können. Die wilde Rauke hat feiner geschnittene Blätter und schmeckt mehr nach Pfeffer als die gezüchtete Variante. Sie ist mehrjährig und kann auch den Winter überdauern, da sie unempfindlich gegenüber Frost ist. Die gezüchtete Rauke ist dagegen eine einjährige Pflanze mit zarten Blättern und vergleichsweise mildem Geschmack. Sobald sie anfängt zu sprießen, bildet sie wundervoll cremefarbene, vierblättrige Blüten aus.

Wenn Sie Rauke das ganze Jahr über ernten möchten, dann können Sie sie während der kalten Monate einfach auf die Fensterbank in Ihrer Küche stellen. Rauke sollte immer ausreichend Wasser haben, insbesondere dann, wenn es draußen heiß ist und die Pflanzen dazu neigen, rasch in die Höhe zu wachsen und zu blühen. Wenn Sie die Rauke zu wenig gießen, dann werden die Blätter zäh und ungenießbar.

Der einzige Schädling, der Ihrer Rauke wirklich gefährlich werden kann, ist der Flohkäfer, denn er beißt winzigkleine Löcher in die Blätter der Pflanze. Doch wenn Sie die Rauke in Behältern anbauen, wird der Käfer kaum zu einem Problem werden, weil er nicht hoch genug springen kann, um die Pflanzen zu erreichen. Sollte der Schädling aber trotzdem zur Plage werden, dann bedecken Sie Ihre Salate einfach mit einem dünnen Netz.

Wenn es darum geht, recycelte bzw. umfunktionierte Behälter in Ihrem Gemüsegarten zu verwenden, dann sind Küchentöpfe, Pfannen, Siebe und Seiher aus Aluminium genau das richtige. Man findet sie häufig auf Trödelmärkten. Das von mir hier verwendete alte Aluminiumsieb erinnert etwas an eine Gartenvase und ist ein lustiger und gleichzeitig äußerst praktischer Behälter für Rauke. Es ist groß genug, um genügend Kompost aufnehmen zu können, obgleich es sich doch empfiehlt, eine wasserspeichernde Matte auf den Boden des Siebes zu legen, damit nicht so viel Feuchtigkeit verloren gehen kann.

Rechts: ***Dieses alte Sieb ist ein idealer Behälter für die fein gezackten Blätter der wilden Rauke. Siebe dieser Art finden Sie sowohl auf Flohmärkten als auch in Trödelläden. Besorgen Sie sich einfach ein paar alte Aluminiumtöpfe und -pfannen und schon können Sie zu Hause Ihren ganz persönlichen Küchengarten anlegen.***

1 Legen Sie die Kokosfaser- oder Filzmatte in das Sieb. Hierzu müssen Sie die Matte möglicherweise zurechtschneiden bzw. etwas übereinanderlegen.

2 Geben Sie etwas Kompost auf den Boden des Siebes und bedecken Sie diesen mit der wasserspeichernden Matte. Es ist nicht nötig, die Matte zurechtzuschneiden.

3 Füllen Sie das Sieb bis zum Rand mit Erde auf und drücken Sie diese anschließend gut fest. Nun können Sie die Samen gleichmäßig auf die Oberfläche streuen. Bedecken Sie die Samen mit einer dünnen Schicht Kompost und drücken Sie alles erneut fest. Nehmen Sie zum Schluss eine feine Wasserbrause zur Hand und begießen Sie damit die Samen.

4 Achten Sie darauf, dass die Erde immer feucht ist. Sobald die Samen aufgekeimt sind und die Setzlinge ordentlich zu wachsen beginnen, ist es an der Zeit, sie etwas auszudünnen, damit jede Pflanze später genügend Platz zum Wachsen hat. Wenn Sie von Natur aus ein sehr geduldiger Mensch sind, dann können Sie die überschüssigen Setzlinge waschen und anschließend in einen gemischten Salat geben.

Rechts: ***Die Blüten der gezüchteten Rauke sind essbar und verleihen jedem Salat eine nussige Note. Geschmacklich sind sie den gelben Blüten der Wilden Rauke deutlich überlegen.***

Nachwachsender Salat

Das Prinzip des nachwachsenden Salates ermöglicht es Ihnen, den gesamten Sommer über frischen Salat zur Verfügung zu haben. Damit Ihnen der Nachschub an frischen Blättern nicht ausgeht, müssen Sie allerdings alle paar Wochen frische Salatsamen aussäen. Die billigen und lustigen Plastikfensterkästen gibt es sowohl auf Märkten als auch in diversen Geschäften zu kaufen.

Nachwachsend bedeutet, dass der Salat nicht im Ganzen geerntet wird, sondern dass mehrere Köpfe nebeneinander angebaut werden, von denen dann jeden Tag nur die erntereifen Blätter abgeschnitten werden, während andere Zeit haben nachzuwachsen, sodass immer frische Blätter zur Verfügung stehen. Wenn Sie über die Sommermonate verteilt immer wieder neue Salatsamen aussäen, dann können Sie die Ernte um einige Monate verlängern. Sie können sogar dann noch Salat ernten, wenn das Wetter bereits kälter geworden ist, solange Sie die Pflanzen nur mit einer Folie oder einem dünnen Vlies aus Polypropylen abdecken.

Babyspinat, Mizuna, Blattsenf und Feldsalat können ebenfalls auf diese Art und Weise geerntet werden. Wenn Sie sie etwas später aussäen, idealerweise ab der Mitte des Sommers, dann gedeihen sie erfahrungsgemäß besser und sprießen auch nicht so schnell in die Höhe. Setzen Sie die Samen direkt in den vorbereiteten Kompost und dünnen Sie sie aus, sobald sie 2,5 bis 5 cm groß geworden sind, wobei Sie mindestens 10 cm Abstand zwischen den einzelnen Pflanzen lassen sollten. Sie können die süßlich schmeckenden, zarten Pflänzchen in einen Salat geben oder auch als hübsche Deko verwenden.

Sie brauchen:

- farbenfrohe Fensterkästen aus Plastik
- torffreier Bio-Allzweckkompost, gemischt mit etwas lehmhaltigem Kompost
- Spinatsamen
- Samen von verschiedenen Salatsorten
- eine Anzuchtschale aus Polyester, in kleine Stücke gebrochen

Der grüne *Tipp*

Samenhändler bieten in der Regel eine große Auswahl an nachwachsenden Salaten an. Wenn Sie pro Saison mehrmals aussäen, dann werden Sie sicherlich auch Gelegenheit haben, einige davon auszuprobieren.

1 Streuen Sie die Styroporstückchen in die Fensterkästen. Diese Drainageschicht sollte etwa 2,5 bis 5 cm hoch sein.

2 Füllen Sie die Kästen bis knapp unter den Rand mit Komposterde an und klopfen Sie diese anschließend mit Ihren Händen etwas fest.

3 Nehmen Sie die Spinatsamen in eine Hand und streuen Sie sie mit der anderen Hand locker auf die Erde.

4 Streuen Sie eine dünne Schicht Komposterde über die Samen, sodass diese vollständig bedeckt sind.

Der grüne *Tipp*

Wenn Sie die Samen gleich zu Beginn der Pflanzsaison aussäen möchten, dann können Sie ihr Wachstum beschleunigen, indem Sie eine Glas- oder Plexiglasscheibe über die Kästen legen oder einfach eine große, durchsichtige Plastiktüte, quasi als Minigewächshaus.

Rechts: ***Diese farbenfrohen Fensterkästen aus Plastik sind nicht nur billig, sondern auch erstaunlich leicht und können so mühelos hin und her bewegt werden. Sie bilden einen wundervollen Kontrast zu den saftig grünen Blättern von jungem Spinat oder auch zu den gekräuselten Blättern von rotem Salat. Ernten Sie die Blätter, solange sie noch jung und zart sind, und gießen Sie Ihren Salat regelmäßig, denn die Blätter werden rasch zäh und bitter, wenn die Pflanzen nicht genügend Wasser haben.***

5 In den zweiten Kasten geben Sie Salatsamen. Er ist viel feiner, also streuen Sie ihn ganz leicht und vorsichtig auf den Kompost. Gießen Sie die Saat vorsichtig an.

6 Sobald die Setzlinge 2,5 bis 5 cm groß sind, sollten sie ausgedünnt werden. Achten Sie dabei auf einen Abstand von 5 bis 10 cm zwischen den einzelnen Pflanzen.

Roter Salat und Perilla in emaillierten Blechdosen

Wenn Sie eher wenig Platz zur Verfügung haben, dann möchten Sie sicherlich vermeiden, dass all Ihre Pflanzen ausschließlich grün sind. Da ist es ein Glück, dass Salate in vielen verschiedenen Violett- und Rottönen angeboten werden – angefangen vom Radicchio mit seinen dunkelroten Blattadern bis hin zu den magentaroten Blattstielen des Roten Mangolds (Ruby Chard) und den violetten Rüben und Blättern einiger alter Rote-Bete-Sorten. Auch die pinkfarbene Tönung von Radieschen, die sich vom Braun der Erde abhebt, hat eine ungeheure Ausstrahlung und Leuchtkraft.

Einer der dunkelsten Rottöne findet sich bei der japanischen Perilla. Ihre rüschenartigen, fast metallisch glänzenden, nesselähnlichen Blätter erinnern stark an dunkelrotes Basilikum. Sie schmecken zwar etwas fade, machen sich aber sehr hübsch in einem bunten Salat. Die grüne Variante, die vielfach in der japanischen Küche verwendet wird, schmeckt viel aromatischer. Säen Sie die Perillasamen im Frühjahr in Töpfe und pflanzen Sie sie erst dann ins Freie, wenn die Gefahr von Nachtfrösten vorüber ist.

Mehl- und Brotdosen aus Email waren bis zum Ende des letzten Jahrhunderts noch in vielen Haushalten in Gebrauch. Heutzutage findet man sie in der Regel auf Flohmärkten und in Trödelläden. Oft sind sie mit altertümlichen Schriftzügen versehen, die auf den ursprünglichen Inhalt der Dose hinweisen. In jedem Fall sind sie äußerst vielseitige und ungewöhnliche Pflanzbehälter für jede Art von Salat.

Der grüne Tipp

Es gibt viele verschiedene Sorten von rotem Salat. Die Sorte mit den eher breit gefächerten, locker angeordneten Blättern ist ideal für ein kleineres Behältnis, denn hier kann man den Stiel direkt oberhalb der Erde abschneiden und schon bald wachsen rings um den Schnitt neue Sprosse hervor. Lassen Sie diese wachsen und schneiden Sie die nachwachsenden Blätter den gesamten Sommer hindurch immer wieder ab. Um den Nachschub an frischen Salatblättern zu sichern, sollten Sie Ihren Salat in regelmäßigen Abständen neu aussäen. Solange das Wetter nicht zu kalt ist, wachsen die Blätter ohne Probleme. Danach sollten Sie Ihre Salatpflanzen allerdings durch eine Folie oder eine Frühbeetabdeckung vor Kälte schützen.

***Oben links:** Die eher locker angeordneten Blätter des gekräuselten roten Salates wachsen und gedeihen in der Regel sehr gut in emaillierten Dosen. Stellen Sie ihn aber nie direkt in die Sonne.*

***Rechts:** Hübsche, altmodische Küchengefäße kann man eigentlich so gut wie überall erstehen. Aufgrund ihrer ungewöhnlich dunklen, glänzenden Blätter wird die Perilla nicht nur in der Küche verwendet, sondern häufig auch zu Dekozwecken.*

BREAD

Salatschüsseln

Sie brauchen:

zwei Spülschüsseln aus Plastik, 45 cm im Durchmesser und 17 cm tief

torffreier Bio-Allzweckkompost

Kies

Akku-Bohrmaschine

verschiedene Salate, rote und grüne Salatsorten, die keinen Kopf ausbilden, sowie Blattsenf „Red Giant" und Mizuna

violetten Schiefer als Mulch

Der grüne *Tipp*

Salate brauchen in der Regel weniger Erde als viele andere Pflanzen, aber genug Feuchtigkeit. Salate, die zu wenig Wasser haben, entwickeln einen bitteren Geschmack und neigen außerdem dazu, schnell in die Höhe zu sprießen und zu blühen. Darüber hinaus sollten Sie Salat nie direkter Sonneneinstrahlung aussetzen, denn dadurch werden die Blätter rasch welk.

Rechts: ***Zwei große Plastikspülschüsseln, mit verschiedenen Salatsorten bestückt, sind genug, um Sie jeden Tag mit frischen Blättern zu versorgen. Damit Ihnen aber der Vorrat an frischem Grün nie ausgeht, sollten Sie etwa einen Monat später ein paar zusätzliche Schüsseln mit Salat bepflanzen.***

Auch wenn Sie sonst kein Gemüse in Töpfen anbauen, sollten Sie unbedingt ein paar Salatsorten ausprobieren. Es ist durchaus möglich, so viele Salate in Schüsseln und anderen Gefäßen anzubauen, dass Sie davon den ganzen Sommer über und auch noch bis in den Herbst hinein essen können. Am einfachsten anzubauen sind nachwachsende Salate. Auf diese Weise können Sie einen Salatkopf quasi häppchenweise über mehrere Wochen ernten, allerdings ist es doch ratsam, einen Monat später neue Salatsamen in einen Topf zu säen bzw. Setzlinge zu pflanzen, denn nur so ist der Vorrat an frischen Blättern dauerhaft gesichert.

Es gibt viele verschiedene Samen, aber Sie sparen sich auf jeden Fall etwas Zeit, wenn Sie einige junge Setzlinge kaufen und diese mit entsprechendem Abstand zueinander pflanzen. Die Salate mit den eher locker angeordneten Blättern sind hierfür bestens geeignet. Grüner und roter Salat sehen auch sehr hübsch zusammen aus und zwar sowohl im Topf als auch auf dem Teller. Um noch mehr Vielfalt und Geschmack zu erleben, sollten Sie auch ein paar orientalische Salatsorten anbauen. Diese gedeihen allerdings besser, wenn sie erst im Spätsommer gepflanzt werden. Der „Red Giant" Blattsenf hat einen scharfen, pfeffrigen Geschmack und dazu hübsche, von roten Blattadern durchzogene Blätter. Kombinieren Sie ihn doch einmal mit dem japanischen Mizuna. Dieser ist etwas milder im Geschmack und hat scharf gezackte Blätter.

Große Spülschüsseln aus Plastik sind ideale Pflanzgefäße für Salate. Sie sind nicht besonders teuer und es gibt sie in vielen verschiedenen Farben und Größen. Sie müssen allerdings ein paar Drainagelöcher in den Boden bohren.

1 Drehen Sie die Plastikschüssel um und vergewissern Sie sich, dass sie auf einem festen Untergrund liegt. Bohren Sie nun im Abstand von etwa 10 cm ein paar Löcher in den Boden der Schüssel.

2 Geben Sie auf den Boden der Schüssel eine ca. 2,5 cm hohe Schicht Kies.

3 Als Nächstes können Sie die Schüssel bis knapp unter den Rand mit Komposterde befüllen. Achten Sie aber darauf, dass keine größeren Klumpen darin sind oder zerbröseln Sie diese notfalls mit der Hand.

4 Nehmen Sie nun die Setzlinge und pflanzen Sie diese kreisförmig in die Schüssel, immer abwechselnd einen roten und einen grünen Salat. Die Pflanzen sollten etwa 10 cm Abstand zueinander haben. Dies ist natürlich nur ein Richtwert, aber Ihre Setzlinge brauchen tatsächlich etwas Platz, ansonsten behindern sie sich irgendwann gegenseitig beim Wachsen.

5 Ordnen Sie nun die Schieferstückchen sorgfältig um die Setzlinge herum an und achten Sie dabei darauf, die zarten Blätter nicht zu verletzen. Dies hält den Kompost schön feucht und kühl.

6 Gießen Sie nun jedes Pflänzchen gut an und vergessen Sie das Gießen auch dann nicht, wenn Ihr Salat bereits größer geworden ist.

Links: ***Die rotadrigen Blätter des Blattsenfs „Red Giant" und die feingliedrigen Blätter des Mizuna sind nicht nur fein schmeckende, sondern auch äußerst dekorative Zutaten für jeden gemischten Salat.***

Regenbogenradieschen

Radieschen wachsen sehr schnell und werden daher häufig zwischen langsamer wachsende Gemüsesorten gepflanzt. Sie haben ein knackiges, weißes, nach Pfeffer schmeckendes Fruchtfleisch und sollten jung und zart gegessen werden, denn dann schmeckt ihre Haut noch nicht zäh. Radieschen lassen sich sehr gut in Töpfen züchten, aber Sie sollten trotzdem darauf achten, dass Sie nicht in der prallen Sonne stehen. Ein ausgetrockneter Kompost und zu viel Hitze lassen die Radieschen sprießen und dazu holzig und ungenießbar werden.

Sie brauchen:

Plastikschüsseln von etwa 30 cm Durchmesser und 18 cm Tiefe

Bohrmaschine oder Cuttermesser

Kies

Allzweckkompost

Radieschensamen der Sorte „French Breakfast"

Sobald die Radieschensetzlinge etwas größer geworden sind, müssen Sie sie außerdem ausdünnen, sodass sie sich ausbreiten und in die richtige Form wachsen können – sie ähneln am Anfang nämlich angeschwollenen Stielen bzw. Strünken und brauchen Platz, um zu wachsen. Wenn Sie die Radieschen ernten, solange sie noch klein sind, dann ist ein Abstand von 1 bis 2 cm zwischen den einzelnen Pflanzen ausreichend. Radieschen sind innerhalb von einem Monat erntereif, was sie gerade auch für jüngere Kinder sehr interessant macht.

In diesem Fall wurden die Radieschensamen in viereckige Schüsseln gepflanzt. Diese haben den Vorteil, dass sie nicht nur billig, sondern auch in vielen verschiedenen Farben erhältlich sind. Bevor Sie die Schüssel bepflanzen, sollten Sie allerdings ein paar Löcher in den Boden bohren, sodass überschüssiges Wasser abfließen kann.

Links: ***Ziehen Sie die reifen Radieschen vorsichtig aus der Erde, um den übrigen mehr Platz zum Wachsen zu verschaffen. Unmittelbar nach dem Ernten sollten Sie sie waschen, von Wurzeln und Blättern befreien und mit etwas grobem Meersalz bestreut servieren.***

Der grüne Tipp

Experimentieren Sie ruhig mit verschiedenen Radieschensorten. Hierzu sollten Sie etwa alle zwei Wochen während der Sommer- und Herbstmonate eine neue Sorte aussäen.

1 Bohren Sie ein paar Löcher in den Boden einer jeden Schüssel. Dies geht am einfachsten mit einer Bohrmaschine. Damit überschüssiges Wasser später ungehindert abfließen kann, sollten Sie anschließend eine 2,5 cm hohe Schicht Kies in jede Schüssel geben.

2 Füllen Sie die Schüsseln bis knapp unter den Rand mit Komposterde und zerbröckeln Sie dabei eventuell vorhandene größere Klumpen. Drücken Sie den Kompost anschließend mit der Handinnenfläche fest.

3 Streuen Sie die Samen lose auf die Oberfläche des Komposts und stecken Sie das Saatpäckchen anschließend zwischen diesen und den Rand der Schüssel – so wissen Sie später immer ganz genau, um welche Radieschensorte es sich handelt.

4 Nehmen Sie eine kleine Menge Kompost und zerreiben Sie diesen leicht zwischen Ihren Händen. Halten Sie Ihre Hände dabei über die Schüssel, sodass die Samen darin mit einer dünnen Schicht Kompost bedeckt werden.

Rechts: ***Wenn Sie die Samen regelmäßig alle zwei Wochen aussäen, werden Sie über mehrere Monate hinweg immer genügend frische Radieschen zur Verfügung haben.***

5 Begießen Sie die Oberfläche des Komposts anschließend mit einem feinen Sprühregen. Stellen Sie die so bepflanzten Schüsseln auf keinen Fall in die pralle Sonne und sorgen Sie außerdem dafür, dass die Oberfläche der Erde immer feucht ist.

6 Sobald die Setzlinge etwa 7,5 cm groß sind, sollten Sie sie ausdünnen und dabei einen Abstand von 1 bis 2 cm zwischen den einzelnen Radieschen lassen.

Bunter Mangold

Der grüne Tipp

Gießen Sie Ihre Pflanzen immer regelmäßig und achten Sie außerdem auf Schnecken, denn diese halten sich tagsüber unter den Blättern versteckt. Nachts dagegen kommen sie zum Fressen heraus.

Mangold ist eines der hübschesten Blattgemüse überhaupt. Er wird in vielen verschiedenen Farben angeboten. Die leuchtend pinkfarbenen Stiele des Roten Mangolds (Ruby Chard) beginnen beinahe zu leuchten, sobald das Sonnenlicht durch sie hindurch scheint. Bright Lights, die hier verwendete Mangoldsorte, ist eine Mischung aus pinkfarbenen, roten, gelben, orangefarbenen und weißen Stielen. Dieser Mangold ist zwar nicht so groß wie manch andere Sorte, eignet sich dafür aber sehr gut für den Anbau in Töpfen.

Der Schweizer Mangold ist der Vorfahre aller bunten Mangoldsorten. Er hat glänzende, dunkelgrüne, leicht gekräuselte Blätter und dazu leuchtend weiße Stiele mit breiten Rippen. Die Stiele sind sehr widerstandsfähig und bringen

Rechts: *Die umwerfende Färbung der Mangoldstiele erstreckt sich bis in die Blattadern.*

Unten: *Die Schlichtheit dieses weißen, faserverstärkten Tontopfs, der von der Form her genau auf eine Fensterbank passt, bringt die wundervoll leuchtenden Blätter des Bright Lights Mangolds perfekt zur Geltung. Faserton ist leichter als gebrannter Ton, aber trotzdem robuster als Glasfaser.*

sogar noch im Winter kräftige Blätter hervor. Die Stauden haben tiefe Wurzeln und gedeihen daher nicht besonders gut in flachen Behältern.

Mangold ist, was den Boden angeht, recht anspruchslos. Allerdings werden Sie mehr Ertrag haben, wenn Sie einen nährstoffreichen Kompost verwenden und diesen mit gut verrottetem Pferdemist vermischen. Glücklicherweise wird die Pflanze recht selten von Krankheiten heimgesucht, obwohl vor allem bei nassem Wetter Schnecken die jungen, frischen Blätter annagen. Wenn Sie wollen, können Sie nach dem Einpflanzen des Mangolds eine dünne Mulchschicht aus zerbrochenen, hellen Meeresmuscheln auf den Kompost geben. Dadurch verdunstet weniger.

Die Mangoldblätter sollten nicht zusammen mit den Stielen gekocht werden, denn beide haben unterschiedlich lange Garzeiten. Die Blätter können wie Spinat zubereitet oder kurz in Butter gebraten werden. Vermengt mit Olivenöl, Chili, Knoblauch und eventuell ein paar Tomaten lässt sich aus ihnen außerdem eine schmackhafte Sauce zubereiten. Die geschmorten Stiele passen hervorragend zu einer Käsesauce. Einen einfachen, aber trotzdem genialen Sommerklassiker erhalten Sie, indem Sie die klein geschnittenen Stiele dünsten, erkalten lassen und anschließend mit etwas Olivenöl und Zitronensaft vermischt als Salat servieren.

Der grüne Tipp

Wenn Sie die Samen des Mangolds im späten Frühjahr aussäen, können Sie die Pflanzen im Sommer bzw. Herbst ernten. Später im Jahr können Sie dann noch einmal Mangold aussäen – entweder gleich an Ort und Stelle oder aber in Module und die Setzlinge dann später verpflanzen, wenn Sie ca. 5 cm groß sind. Sie sollten mindestens 10 cm Abstand zueinander haben – oder sogar noch mehr, wenn sie robustere und kräftigere Pflanzen haben möchten.

Spinat in einem Einkaufskorb

Rechts: ***Ein Drahteinkaufskorb eignet sich hervorragend als Pflanzbehälter, denn er kann erstaunlich viel Kompost fassen.***

Unten: ***Wenn Sie aus den Spinatblättern einen Salat zubereiten wollen, dann sollten Sie die jungen, zarten Blätter pflücken. Zum Kochen lassen Sie die Pflanzen vor dem Ernten ruhig etwas dichter werden.***

Im Gegensatz zum Krautstiel, einem nahen Verwandten des Mangolds, ist echter Spinat ein zartes und süßlich schmeckendes Blattgemüse. Er wächst das ganze Jahr über, obwohl er während der heißen und trockenen Monate stark dazu neigt, zu blühen und Samen auszubilden. Spinat gedeiht am besten an einem leicht schattigen Ort und verträgt keine direkte Sonneneinstrahlung. Auch das regelmäßige Gießen ist sehr wichtig. Besonders geeignet ist ein lehmhaltiger, feuchtigkeitsspeichernder Kompost.

In meinem Beispiel wurde der Spinat in einen alten Einkaufskorb aus Draht gepflanzt. Der Korb hat genau die richtige Größe dafür und das regelmäßige Gittermuster des Drahtes sieht außerdem sehr dekorativ aus.

Der Korb wurde innen mit einer Filzmatte ausgelegt. Auf diese Matte kommt dann noch eine perforierte Plastikfolie, sodass durch das Gitter des Korbs nicht allzu viel Feuchtigkeit entweichen kann. Verwenden Sie einen nährstoffreichen Kompost und vermischen Sie diesen mit etwas Mist. Ein Mulch aus feinem Kies, auf der Oberfläche des Komposts und um die Pflanzen herum verteilt, hilft dabei, die Feuchtigkeit im Kompost zu bewahren und diesen kühl zu halten.

Der grüne Tipp

Sie können den Spinat direkt in die Töpfe pflanzen. Es ist aber natürlich auch möglich, einige Samen in einem kleinen Topf mit Saatkompost heranzuziehen und die Setzlinge dann einzupflanzen, wenn sie eine Höhe von 2 bis 3 cm erreicht haben. Pikieren Sie die Setzlinge und stecken Sie dabei immer ein bis maximal zwei Pflanzen zusammen in die Erde.

Karotten und Rote Bete in Wannen

Sie brauchen:

einen Handbohrer

einen Pflanzstock

Gartenwannen aus Plastik oder Gummi, 30 cm hoch und 35 cm im Durchmesser

torffreier Allzweckkompost, gemischt mit lehmhaltigem Kompost

Rote Bete- und Karottensamen

feinen Sand

Sowohl Karotten als auch Rote Bete sind ideal für die Aufzucht in Töpfen geeignet. Wenn Sie die Karotten direkt nach dem Ernten essen, sei es roh oder gedämpft, dann werden Sie sicherlich feststellen, dass selbst gezogene Karotten viel süßer schmecken als die, die man im Supermarkt kaufen kann. Die schnell wachsenden Sorten sollten Sie regelmäßig alle paar Wochen aussäen, denn dann sind Sie den gesamten Sommer und Herbst über immer mit frischen Karotten versorgt. Säen Sie die ersten Samen bereits zu Beginn des Frühjahrs aus. Sobald sie etwas größer geworden sind, sollten die Setzlinge pikiert werden. Gießen Sie viel und regelmäßig und geben Sie dem Wasser alle zwei Wochen einen Flüssigdünger aus Meeresalgen bei, denn dadurch steigt der Ertrag.

Es gibt viele verschieden Rote-Bete-Sorten und einige davon tragen sogar recht exotische Namen. Bulls Blood ist eine alte, relativ anspruchslose Sorte, während die atemberaubend schöne, pinkfarbene Chioggia hellere Streifen und süßes, zartes Fruchtfleisch hat. Es gibt zylinderförmige Sorten, die sich leicht in Scheiben schneiden lassen und wundervoll goldfarbene Rüben, die eine Zierde auf jedem Teller sind. Hierzu zählt zum Beispiel die Burpees Golden.

Nicht nur die Rüben, auch die Blätter und Stiele der Roten Bete sind zum Verzehr geeignet. Die jungen, zarten Blätter können Sie zum Beispiel sehr gut als Salatzutat verwenden, während die älteren Blätter gehackt und gekocht werden sollten und anschließend ähnlich wie Spinat oder Mangold zubereitet werden können. Besonders lecker schmecken die Blätter, wenn Sie sie kurz in Olivenöl und mit etwas gehacktem Chili und Knoblauch anbraten und dann zu frischen Nudeln servieren.

Der grüne Tipp

Rote Bete ist eine äußerst unkomplizierte Pflanze, die fast immer und überall gedeiht. Lediglich das Gießen sollten Sie nicht vergessen. Probieren Sie doch einmal eine Sorte namens Bolthardy aus, denn diese soll so gut wie nicht in die Höhe treiben.

Oben links: ***Es ist eigentlich leicht zu erkennen, wann Rote Bete reif zum Ernten ist. Zu diesem Zeitpunkt können Sie dann auch alle Teile der Pflanze verwenden, ohne dass Sie etwas davon wegwerfen müssen.***

Rechts: ***Diese farbenprächtigen Gummibehälter können viel Erde aufnehmen und sind so ideal für den Anbau von Karotten und Roter Bete. Aber überlegen Sie sich bereits beim Aussäen der Samen, wo die Behälter später einmal stehen sollen, denn sobald sie einmal mit Erde angefüllt sind, lassen sie sich nur noch schwer bewegen.***

1 Drehen Sie alle Wannen um und bohren Sie mit Hilfe des Handbohrers ein paar Drainagelöcher in die Böden.

2 Füllen Sie die Wannen bis zum Rand mit einer Mischung aus beiden Kompostsorten. Der Kompost wird sich noch etwas setzen, sobald er gegossen wurde.

3 Verwenden Sie den Pflanzstock, um kleine Löcher in den Kompost zu bohren, etwa 5 cm weit auseinander. Streuen Sie ein paar Rote-Bete-Samen in jedes Loch.

4 Mischen Sie die Karottensamen mit etwas feinem Sand und streuen Sie diese dünn auf die Oberfläche des Komposts. Stecken Sie die Saatpäckchen anschließend zwischen den Kompost und den Wannenrand, denn dann wissen Sie später immer genau, wo was wächst.

5 Gießen Sie alles gut an und verwenden Sie dazu am besten eine feine Brause. Nun können Sie gespannt darauf warten, dass die ersten Keimlinge aus der Erde sprießen.

6 Sobald die Keimlinge der Roten Bete erscheinen und ihre ersten zarten Blätter zeigen, sollten Sie sie pikieren. Die Karottenkeimlinge dagegen können Sie etwas länger wachsen lassen, bevor Sie mit dem Pikieren beginnen.

Links: ***Das helle Pink und das tiefe Violett der Roten Bete sehen vor dem Hintergrund der pinkfarbenen Wannen einfach wundervoll aus, insbesondere dann, wenn die Abendsonne durch die Stiele der jungen Pflanzen scheint.***

Favoriten des Sommers

Zu den Gemüsesorten, die im Sommer geerntet werden können, zählen neben Frühkartoffeln auch Tomaten, Auberginen, Zucchini, Paprika und Chilis. Allerdings dürfen Sie Ihre selbst gezogenen Paprika nicht mit jenen vergleichen, die Sie im Geschäft kaufen können. Allein schon die einheitliche Form und das makellose Aussehen der gekauften Paprika weisen auf ihre unnatürlichen Aufzuchtbedingungen hin. Ihre biologisch angebauten, etwas kleineren und möglicherweise nicht ganz so schön geformten Paprika sind dagegen „natürlicher" als jede gekaufte Paprika. Die Paprika ist eine sehr anpassungsfähige Pflanze, die in fast allen Behältnissen gedeiht, vorausgesetzt, sie hat genügend nährstoffreichen Kompost und ausreichend Feuchtigkeit. Wenn das Wetter draußen ungemütlich ist, können Sie die Paprika in die Wohnung holen und auf eine sonnige Fensterbank stellen, aber denken Sie daran, die Pflanzen regelmäßig zu gießen und zu düngen.

Ein paar wenige Chilipflanzen sind ausreichend, um Sie ein ganzes Jahr lang mit feurigen Chilis zu versorgen. Sie können entweder frisch gegessen oder aber zusammengebunden und über einem Ofen oder in der Sonne zum Trocknen aufgehängt werden. So können Sie sie später jederzeit verwenden. Da Chilis

lange brauchen, um wirklich reif zu werden, empfehle ich eigentlich immer, verschiedene Sorten junger Chilipflanzen zu kaufen, denn diese werden von erfahrenen Züchtern bereits zeitig im Jahr herangezogen und das in der Regel unter optimalen Bedingungen. Chilis brauchen, ähnlich wie Paprika, immer ausreichend Wärme und Feuchtigkeit. Außerdem profitieren die Pflanzen davon, wenn Sie sie morgens und abends mit einem feinen Sprühnebel befeuchten. Sobald es draußen kalt wird, sollten Sie die Chilis allerdings in Ihre Wohnung bringen.

Auch Zucchini sind leicht anzubauen. Sie brauchen lediglich einen guten, nährstoffreichen Kompost und viel Platz zum Wachsen. Es gibt viele verschiedene Zucchinisorten, von dunkelgrünen bis zu hellgrün gestreiften. Es gibt sogar gelbe Zucchini (die allerdings etwas weniger Ertrag bringen als die meisten anderen Sorten) und rundliche Zucchini. Lassen Sie die Zucchini nicht allzu groß werden, denn dann können die Pflanzen immer wieder neue Früchte hervorbringen. Die großen, gelben Blüten gelten in der italienischen Küche übrigens als Delikatesse, aber pflücken Sie die Blüten erst dann, wenn die Zucchini dahinter bereits zu sehen ist (ein Zeichen dafür, dass die Pflanze bestäubt wurde). Gegen Ende der Pflanzsaison können Sie auch einmal den Versuch machen, einige Zucchini so lange wachsen zu lassen, bis sie so groß wie Kürbisse geworden sind. Sie sind dann zwar nicht mehr so süß wie kleine Zucchini, schmecken aber nicht schlecht, wenn sie gefüllt werden. Darüber hinaus sind diese Riesenzucchini sehr ergiebig, denn von einer einzigen gefüllten Zucchini kann eine ganze Familie satt werden.

Kartoffeln in Säcken

Sie brauchen:

einen Kartoffelsack aus Polypropylen oder etwas Vergleichbares

Saatkartoffeln: Frühkartoffeln der Sorte „Charlotte“ und Spätkartoffeln der Sorte „Pink Fir Apple“

einen nährstoffreichen Kompost, gemischt mit etwas gut verrottetem Pferdemist

Eierschachteln oder Anzuchtschalen aus Plastik

Welchen Grund könnte es wohl geben, dass Sie Ihre eigenen Kartoffeln anbauen, wo man die braunen Knollen doch fast überall zu einem günstigen Preis kaufen kann? Es ist ja nicht so, dass man im Geschäft keine biologisch angebauten Kartoffeln erstehen könnte oder dass das Angebot an Sorten zu klein wäre. Nein, es geht um das Vergnügen, diese Erfahrung einmal selbst gemacht zu haben. Wenn Sie die Kartoffeln unmittelbar nach dem Ernten kochen, dann werden Sie sicher froh sein, diese Erfahrung gemacht zu haben, denn die selbst gezogenen, süß und frisch schmeckenden Bio-Kartoffeln sind einfach um Klassen besser als gekaufte Kartoffeln.

Wenn Sie ein paar Kartoffeln anbauen möchten, dann brauchen Sie dazu nicht besonders viel Platz, denn Kartoffeln lassen sich in der Regel ohne Probleme in allen möglichen Arten von Behältnissen züchten. Oft werden hierfür große Sandsäcke oder Plastikmülleimer verwendet. Ich persönlich baue meine Kartoffeln in speziell für diesen Zweck hergestellten, gewebten Polypropylensäcken an, denn die lose Webart des Materials begünstigt einen guten Wasserablauf. Kartoffeln werden für den Transport meist in Säcke gepackt, die aus dem gleichen Material hergestellt, jedoch etwas leichter sind. Sie können Ihren Obst- und Gemüsehändler ja einmal bitten, einige Säcke für Sie aufzuheben.

Rechts: ***Kartoffeln gedeihen hervorragend in großen gewebten Plastiksäcken und bringen für gewöhnlich riesige Mengen an Blättern hervor. Diese helfen dabei, den Kompost feucht und frei von Unkraut zu halten, sodass mehr Kartoffeln wachsen können.***

Kartoffelsorten

Kartoffeln gehören zur selben Familie wie Auberginen und Tomaten, wie man leicht an den Blüten der Pflanzen erkennen kann. Es gibt Hunderte von Kartoffelsorten, zwischen denen Sie wählen können. Am besten, Sie nehmen einen Saat- und Pflanzenkatalog zur Hand. Kartoffelsorten werden häufig als „mehlig“ oder „festkochend“ bezeichnet. Ich persönlich finde, dass die festkochenden Kartoffeln besser schmecken und auch in der Küche vielseitiger einsetzbar sind.

Kartoffeln werden in drei verschiedene Typen unterteilt: erste und zweite Frühkartoffeln sowie Spätkartoffeln. Die beiden ersten werden auch als „neue Kartoffeln“ bezeichnet. Sie sind klein, süß und haben eine dünne Schale, die sich leicht abreiben lässt. Die ersten Frühkartoffeln werden in der Mitte des Frühjahres gepflanzt und können dann zu Beginn des Sommers bzw. im Hochsommer geerntet werden. Die zweiten Frühkartoffeln werden etwa einen Monat später gepflanzt und sind dann im Hochsommer bzw. zum Ende des Sommers hin reif. Beide Kartoffelsorten können geerntet werden, wenn die Pflanzen blühen. Wenn Sie die Pflanzen etwas länger in der Erde lassen, sind die Kartoffeln größer.

Spätkartoffeln werden noch einen Monat später gepflanzt. Sie sind in der Regel groß und eignen sich sehr gut für die Vorratshaltung. Sie werden im Herbst geerntet, nachdem die Stiele abgestorben sind.

1 Setzen Sie die Saatkartoffeln in die Eierschachteln bzw. in die Anzuchtschalen und stellen Sie diese an einen kühlen, hellen und frostsicheren Ort, damit die Knollen keimen können. Sie sind fertig, wenn die Sprosse kurz und dunkelgrün bis violett sind, was in der Regel vier bis sechs Wochen dauert. Haben die Kartoffeln zu wenig Licht, werden die Sprosse schwach und blass.

2 Rollen Sie den Sack am Rand nach unten, sodass Sie den Boden leicht erreichen können. Füllen Sie nun eine etwa 10 bis 15 cm hohe Schicht Kompost in den Sack, nehmen Sie fünf oder sechs Saatkartoffeln zur Hand und reiben Sie bei allen bis auf zwei oder drei Sprossen an einem Ende die Sprossen weg. Setzen Sie die Kartoffeln nun auf den Kompost und zwar mit den Sprossen nach oben.

3 Graben Sie die Saatkartoffeln etwa 15 cm tief ein und warten Sie, bis die Sprossen die Oberfläche der Erde durchbrechen. Dies kann einige Wochen dauern – bei sehr kaltem Wetter sogar noch etwas länger.

4 Wenn die Pflanzen gewachsen sind und die ersten Blätter erscheinen, sollten Sie diese erneut mit Erde bedecken. Dies soll einerseits Frühkartoffeln vor Frost schützen und andererseits das Wachsen der Knollen um die Stiele herum begünstigen, denn dadurch haben Sie später mehr Ertrag. Wiederholen Sie dieses Abdecken mit Erde von Zeit zu Zeit, immer angepasst an das Wachstum der Pflanzen und rollen Sie dafür notfalls den Rand des Sacks nach oben. Bei trockenem Wetter dürfen Sie nicht vergessen, die Kartoffeln immer ausreichend zu gießen.

5 Wenn die Kartoffelpflanze zu blühen beginnt, können Sie sich bald auf die Ernte freuen.

6 Graben Sie eine Kartoffel aus. Ist sie zu klein, dann lassen Sie die übrigen einfach noch etwas länger in der Erde. Zur Ernte können Sie nun den ganzen Sack umdrehen und ausleeren, oder aber einzelne Kartoffeln aus dem Sack sammeln. Die „Pink Fir Apple“ ist eine Spätkartoffel und sollte geerntet werden, sobald die Blätter absterben.

Das Keimen

Um Keimen zu können, müssen die Kartoffeln an einem kühlen und hellen Platz gelagert werden. Kartoffeln, die gekeimt haben, wachsen schneller und bringen einen höheren Ertrag, da durch das Keimen die frühe Wachstumsphase der Pflanzen erheblich beschleunigt wurde. Legen Sie die Saatkartoffeln in Eierschachteln und stellen Sie diese auf Ihre Veranda oder auf eine Fensterbank in einem kühlen Raum. Innerhalb der nächsten Wochen werden kräftige, grün bis violett gefärbte Sprosse am oberen Ende einer jeder Kartoffel erscheinen. Davon werden nur drei oder vier benötigt, sodass Sie die übrigen einfach mit der Hand abreiben können, bevor Sie die Kartoffeln einpflanzen.

Der grüne *Tipp*

Kartoffeln müssen regelmäßig gegossen werden, um gesunde Knollen hervorbringen zu können. Pflanzen Sie sie in einen nährstoffreichen Boden und mischen Sie außerdem etwas Mist unter den Kompost. Kartoffelfäule kann vermieden werden, indem man überwiegend frühe Sorten anbaut. Sollten die Blätter einmal verbrannt aussehen, können Sie, um die Knollen zu schützen, das obere Grün einfach abschneiden. Die Kartoffeln können dann ganz normal ausgegraben werden.

Strauchtomaten in einem blauen Trog

Sie brauchen:

- einen großen Plastiktrog
- Schotter oder Tonscherben für den Wasserabfluss
- 3 verschiedene Sorten junger Tomatenpflanzen
- torffreien Bio-Allzweckkompost, gemischt mit lehmhaltigem Kompost
- frische Beinwellblätter (je nach Belieben)
- Tagetes (auch Studentenblumen genannt)

Strauchtomaten benötigen einen tiefen, geräumigen Behälter, insbesondere dann, wenn Sie mehrere Sorten zusammen anbauen möchten. Ein nährstoffreicher, ausgewogener Kompost ist dabei von größter Wichtigkeit. Damit Sie gesunde Tomaten ernten können, sollten Sie die Pflanzen während des Wachstums der Früchte einmal wöchentlich mit Flüssigdünger gießen. Ein Bio-Tomatendünger oder ein Dünger aus Meeresalgen ist dafür ideal.

Zupfen Sie die Seitentriebe ab, sobald diese zwischen dem Stiel und den Blättern erscheinen. Lassen Sie an jeder Pflanze etwa fünf Blütenreihen stehen und knipsen Sie die nachwachsenden Spitzen oben ab. Somit kann sich die Kraft der Pflanze primär auf das Reifwerden der Früchte konzentrieren.

Tomaten lassen sich leicht aus Samen ziehen und sind gerade für Neulinge des Gartenbaus ein interessantes Betätigungsfeld. Säen Sie die Samen bereits zeitig im Jahr in Töpfen aus und stellen Sie diese dann an einen warmen Platz, um ihr Wachstum zu beschleunigen. Später müssen Sie die Setzlinge dann in größere Töpfe umpflanzen, sodass die jungen Pflanzen kräftig genug werden können, um ins Freie gebracht zu werden, sobald die Frostgefahr vorüber ist. Es ist wichtig, mit den Anbau von Tomaten schon früh im Jahr zu beginnen, sodass Sie während der warmen Monate immer genügend zu ernten haben.

Denr hier verwendeten blauen Plastiktrog mit den Taugriffen an den Seiten findet man häufig auf Baustellen. Es lohnt sich also, die Augen offen zu halten – schließlich weiß man nie genau, wo man überall Körbe und ähnliche Behältnisse finden kann, die sich dann später als ideale Pflanzgefäße erweisen.

Tomatensorten

Selbst gezogene Tomatenpflanzen bringen in der Regel Früchte hervor, die wesentlich besser schmecken als die, die man im Supermarkt kaufen kann. Außerdem haben die eigenen Tomaten diesen herrlichen Duft, den nur frisch gepflückte Tomaten haben. Ein weiterer Vorteil selbst angebauter Tomaten ist, dass Sie eine Vielzahl von Sorten ausprobieren können, die Sie sonst nie käuflich erwerben könnten. Wenn Sie in Saatkatalogen blättern und sehen, wie viele verschiedene Tomatensorten dort angeboten werden, dann wird Ihnen sicherlich schon allein beim Lesen das Wasser im Mund zusammenlaufen.

Wie die reife Tomate letztendlich aussehen soll, hängt ganz von Ihren persönlichen Vorlieben ab. Die Farbschattierungen reichen dabei von Dunkelorange über Zinnoberrot bis hin zu Hellgelb. Einige Sorten haben auch Streifen oder dunkler gefärbte Partien.

Mindestens genauso interessant und abwechslungsreich ist auch die Form der verschiedenen Tomaten, reichen diese doch von der sogenannten „Beefsteak Tomate" bis hin zur winzig kleinen Kirschtomate. Besonders ertragreich und einfach anzubauen ist dabei die elegante Pflaumentomate.

Rechts: ***Die Verbindung aus Tagetes und Tomatensträuchern ist eine hinreichend erprobte und effektive Form des gemeinschaftlichen Pflanzenanbaus, bei dem beide Pflanzen letztendlich einen Nutzen voneinander haben. Der stechend scharfe Geruch der Tagetes vertreibt zum Beispiel Blattläuse, weshalb Gärtner, die ihr Gemüse biologisch anbauen, diese Blumen häufig auch in ihren Gemüsebeeten anbauen.***

Kraut- oder Braunfäule

Der schlimmste Feind der Tomate ist die Kraut- oder Braunfäule, eine hässliche Krankheit, die auch die nahe Verwandte der Tomate, die Kartoffel, befällt. Braunfäule entsteht vor allem während feucht-schwüler Sommer.
Die betroffenen Pflanzen sehen dann so aus, als seien ihre Blätter verbrannt, während die Früchte schwarze Stellen bekommen und nicht mehr essbar sind. Der beste Weg, Braunfäule zu vermeiden, ist, die Pflanzen abzudecken. Dies ist vielleicht nicht immer einfach, doch wenn Sie Ihre Tomaten in Töpfen anbauen, weit genug entfernt von infizierten Pflanzen, dann kann das allein schon Abhilfe schaffen. Präventiv können Sie Ihre Tomaten außerdem mit einem kupferhaltigen Pilzvernichtungsmittel, der sogenannten Bordeaux-Mischung, besprühen.

Rechts: ***Wenn Sie die farbenprächtige Tagetes unter Ihre Tomatensträucher pflanzen, erzielen Sie damit nicht nur eine exotische Wirkung, sondern schützen Ihre Pflanzen außerdem vor lästigen Blattläusen.***

1 Bohren Sie einige Drainagelöcher in den Boden des Korbs und geben Sie dann eine Schicht Schotter oder Tonscherben hinein, anschließend Kompost.

2 Pflanzen Sie die jungen Tomaten in gleichmäßigem Abstand und achten Sie darauf, die zarten Wurzeln nicht zu verletzen, wenn Sie sie aus den Plastiktöpfen heben.

3 Stecken Sie die Pflanzenschilder neben die Pflanzen, sodass Sie zum besseren Vergleich immer genau wissen, welche Sorte wo wächst.

4 Pflanzen sie nun die Tagetes um die Tomatenpflanzen herum an. Die beiden wachsen gleichzeitig, Tagetes bleiben dabei jedoch flach. Spalier- oder Strauchtomaten müssen gestützt werden. Benutzen Sie hierfür am besten Tomatenstangen. Binden Sie die Pflanzen während ihres Wachstums in regelmäßigen Abständen immer wieder neu an den Stützen fest.

Der grüne Tipp

Sobald die Tomaten zu wachsen beginnen, sollten Sie einige der unteren Blätter entfernen, damit das Sonnenlicht auf die Früchte scheinen kann. Dadurch werden diese schneller reif.

Buschtomaten in einem Drahtkorb

Obwohl Tomaten streng genommen zum Obst gehören, handelt es sich bei ihnen doch um eine der beliebtesten „Gemüsesorten“, vor allem was den Anbau angeht. Tomaten werden in der Regel in drei Gruppen unterteilt. Es gibt Buschtomaten, Spalier- oder Strauchtomaten und Hänge- bzw. Ampeltomaten. Die Buschtomate ist von allen wohl die anspruchsloseste, denn sie muss nicht ausgegeizt oder beschnitten werden. Die Spaliertomate bringt am meisten Ertrag, wird allerdings schnell zu einem wild wuchernden Gewächs, wenn man die oberen Sprosse nicht entfernt. Außerdem ist es bei dieser Sorte sehr wichtig, die Seitentriebe regelmäßig abzuknipsen und die Pflanze an einen kräftigen Stock zu binden (siehe Seite 82). Die Hängetomate ist dagegen recht klein, buschig und ideal für den Anbau in Töpfen geeignet. Besonders zu empfehlen sind hierbei Hängekörbe (siehe Seite 88).

Für die größeren Tomatensorten eignen sich vor allem Fensterkästen, Tröge und Wannen. Auch Strauchtomaten benötigen größere Töpfe oder Wannen, wohingegen Buschtomaten in fast allen Behältnissen gut gedeihen können – so auch, wie hier gezeigt, in einem alten Drahtkorb. Drahtkörbe müssen allerdings von innen ausgekleidet werden. In dem hier gezeigten Beispiel wurde der Korb mit gepresstem Filz ausgelegt, den es speziell für diesen Zweck zu kaufen gibt. Dieser ist auf der Innenseite mit einer perforierten Plastikschicht versehen und kann durch Zuschneiden jeder beliebigen Form angepasst werden.

Der grüne Tipp

Tomaten brauchen einen guten, nährstoffreichen Kompost. Verwenden Sie am besten einen Allzweckkompost der speziell für die Aufzucht junger Pflanzen konzipiert wurde und fügen Sie einen lehmhaltigen Kompost hinzu. Dieser hilft dabei, die Feuchtigkeit in der Erde zu halten.

Tomaten müssen jeden Tag ausgiebig gegossen werden, vor allem während der heißen Monate. Sobald die ersten kleinen Tomaten erscheinen, sollten die Pflanzen außerdem einmal wöchentlich mit einem speziellen Tomatendünger gedüngt werden. Am wichtigsten ist jedoch genügend Sonnenlicht.

Oben links: ***Es gibt im Sommer wohl kaum einen faszinierenderen Anblick als eine Reihe von prallen Tomaten, die an den Sträuchern reifen.***

Rechts: ***Diese Tomate wurde in einen alten Tomatenerntekorb gepflanzt, wobei ich um die Stiele herum etwas Buschbasilikum gesetzt habe. Dabei handelt es sich um eine eher kleine und kompakte Basilikumsorte mit kleinen Blättern, die oft als Griechisches Basilikum bezeichnet wird.***

„Tumbling Toms“ in einem Hängekorb

Sie brauchen:

einen Drahthängekorb Ihrer Wahl (plus Kette und Halterung zum Aufhängen, falls nötig)

Moos zum Auskleiden des Korbs

einen lehmhaltigen Kompost

wasserspeichernde Granulate

Tomatenpflanze der Sorte „Tumbling Tom“, rot

einen Eimer

Hängetomaten der Sorte „Tumbling Tom“ sind kleine, ertragreiche Pflanzen, die besonders gut für den Anbau auf kleinstem Raum geeignet sind. Sie gedeihen problemlos in jedem Behälter, solange sie nur in nährstoffreichen Kompost gepflanzt und von Zeit zu Zeit gedüngt werden. Wenn Sie zwei oder drei Tomatenpflanzen in einen Fensterkasten pflanzen, werden Sie den ganzen Sommer über viele süße Kirschtomaten ernten können.

Kirschtomaten sind eine der anspruchslosesten Tomatensorten, denn da sie sich zu kompakten Büschen entwickeln, brauchen sie nicht ausgegeizt zu werden. Wenn Tomaten im Freien gedeihen sollen, benötigen sie dafür einen warmen Ort, z. B. eine sonnige Wand.

Wenn Sie diese Tomatensorte in einem Hängekorb anbauen möchten, dann sollten Sie beim Gießen und Düngen sehr achtsam sein. Es mag sehr hilfreich sein, dem lehmhaltigen Kompost einige wasserspeichernde Granulate unterzumischen, denn dadurch wird gewährleistet, dass der Kompost immer ausreichend feucht ist. An heißen Tagen müssen Sie die Tomatenpflanzen zweimal täglich gießen. In Gartencentern finden Sie Hängekörbe aller Art, die speziell für den Anbau von Hänge- bzw. Ampeltomaten konzipiert wurden. Ich habe in meinem Beispiel einen alten Drahtkorb verwendet, der zudem auch noch hübsch aussieht. Hängen Sie den Korb an einer alten gusseisernen Halterung auf.

Der grüne Tipp

Säen Sie die Samen vom späten Winter bis ins frühe Frühjahr hinein in verschiedene Töpfe und bedecken Sie diese mit Kompost. Wenn Sie die Töpfe an einen warmen Ort stellen, beginnen die Samen innerhalb einer Woche zu keimen. Wählen Sie aus jedem Topf die kräftigsten Keimlinge aus. Lassen Sie die jungen Pflanzen in Ruhe wachsen und stellen Sie sie nur dann ins Freie, wenn das Wetter warm genug dafür ist. Tragen Sie die Pflanzen bis zum Frühsommer jede Nacht in Ihre Wohnung.

Tomaten mögen eine gleichmäßige Temperatur. Kalte Nächte bewirken, dass sich ihre Blätter kräuseln. Zusätzlich werden die Pflanzen noch durch Regen, Wind und Temperaturschwankungen strapaziert. Glücklicherweise wirkt sich dies in den seltensten Fällen auf die Früchte der Pflanze aus. Sie werden feststellen, dass die Tomaten umso süßer schmecken, je heißer das Wetter ist.

Links: ***Kleine Kirschtomaten schmecken am besten frisch vom Strauch.***

Rechts: ***Eine einzige Tomatenpflanze, in einen Hängekorb oder Fensterkasten gepflanzt, ist ausreichend, um Sie den ganzen Sommer über mit vielen frischen Tomaten zu versorgen.***

1 Kleiden Sie den Hängekorb mit dem Moos aus und formen Sie dabei eine dicke, gleichmäßige Schicht an den Seiten und auf dem Boden.

2 Stellen Sie den Korb in den Eimer, geben Sie etwas Kompost auf das Moos und fügen Sie eine kleine Menge wasserspeichernder Granulate hinzu.

3 Füllen Sie nun den Korb bis knapp unter den Rand mit Kompost an und graben Sie anschließend ein Loch in die Mitte. Es sollte so groß sein, dass eine Tomatenpflanze darin Platz findet.

4 Setzen Sie die Tomatenpflanze in das Loch und drücken Sie sie mit den Händen in die Erde, sodass sie einen sicheren Stand bekommt. Gießen Sie sie ausgiebig.

Beinwelldünger

Pflanzen, die Früchte hervorbringen, sollten zusätzlich mit Kalidünger gedüngt werden, damit sie gut gedeihen und robust werden. Es gibt zwar schon Bio-Beinwelldünger in flüssiger Form zu kaufen, aber vielleicht möchten Sie ja auch Ihren eigenen Beinwelldünger herstellen, falls Sie Zugang zu Beinwellpflanzen haben (siehe Seite 16). Beinwell enthält viele Mineralien und vor allem viel Kaliumkarbonat.

Füllen Sie einen geeigneten Behälter randvoll mit frisch geschnittenen Beinwellblättern an. Sie können dafür einen Gummieimer nehmen, wie hier gezeigt, oder auch einen alten emaillierten Eimer. Bedecken Sie die Blätter mit Wasser und verwenden Sie einen großen Stein oder etwas Ähnliches, um die Blätter etwas nach unten zu drücken. Decken Sie den Eimer anschließend ab und stellen Sie ihn an einen schattigen Ort, am besten weit weg, sodass der Geruch niemanden stört. Etwa nach drei Wochen können Sie die Flüssigkeit in Milchflaschen umfüllen. Achten Sie aber sehr sorgfältig darauf, die Flaschen deutlich zu beschriften.

Den Dünger können sie nun im Verhältnis 1:5 mit Wasser mischen, und sobald Ihre Tomatenpflanzen blühen, sollten Sie sie einmal wöchentlich mit einem ordentlichen Schuss Beinwelldünger gießen. Frisch geschnittene Beinwellblätter eignen sich übrigens auch sehr gut als Mulch für Tomatenpflanzen und wenn Sie die Beinwellblätter klein schneiden, dann können Sie sie sogar unter Ihren Saatkompost mischen.

Auberginen in einem Gummibottich

Sie brauchen:

einen recycelten Gummibottich

ein Cuttermesser

Allzweckkompost, gemischt mit lehmhaltigem Kompost und dazu ein paar Handvoll gut verrotteten Pferdemist

junge Auberginenpflanzen

6 Tagetesblumen

Auberginenpflanzen haben erstaunlich dunkelviolette Früchte und dazu wundervoll glänzende Schalen. Auch der flaumige Stiel und die Blätter der Pflanze sind einzigartig, obwohl sie mit der Familie der Tomaten verwandt sind. Die Pflanzen sehen im Allgemeinen sehr weich aus, doch sollten Sie vorsichtig sein, wenn Sie sie anfassen, denn manchmal befinden sich auch ein paar scharfe Stacheln dazwischen, insbesondere am oberen Ende der Frucht.

Auberginen brauchen einen warmen Sommer, um gedeihen zu können. Darüber hinaus vertragen sie keine großen Temperaturschwankungen, obwohl es inzwischen einige Sorten gibt, die speziell für ein etwas kühleres Klima gezüchtet wurden. Kalte Nächte tun ihnen in jedem Fall nicht gut. Wenn Sie Auberginen in Töpfen anbauen, dann sollten Sie diese vor eine warme Wand im Freien stellen. Die Hitze, die die Steine tagsüber aufnehmen, geben sie nämlich nachts allmählich ab. Der Bottich, den ich in meinem Beispiel verwendet habe, wurde aus recycelten Reifen hergestellt.

Wenn Ihre Pflanzen etwas größer geworden sind, müssen Sie sie eventuell an einen Stock binden, um sie bei starkem Wind vor dem Umknicken zu schützen. Wenn die Pflanzen keine Früchte hervorbringen sollten, liegt das meist an einer zu kalten Witterung und einem damit verbundenen Mangel an bestäubenden Insekten. Um Abhilfe zu schaffen, können Sie zum Beispiel einen kleinen Pinsel nehmen und die Blütenpollen damit von einer Blüte auf die andere übertragen. Wenn in der Mitte der Blüte eine kleine Anschwellung zu beobachten ist, war die Bestäubung erfolgreich.

Der grüne Tipp

Wenn Sie um Ihre Auberginenpflanzen herum Tagetes pflanzen, dann werden dadurch Läuse ferngehalten und die Pflanzen können sich gesund entwickeln. Die Tagetes hilft allerdings nicht gegen Schnecken.

Ich persönlich empfehle, bereits angezogene, junge Setzlinge zu kaufen. In Gärtnereien werden die Auberginenpflanzen schon früh im Jahr in großen, beheizten Gewächshäusern angebaut.

Oben links: *Den einzigartigen, dunkelvioletten Früchten gehen wunderschöne lila Blüten voraus, die besonders auf Bienen äußerst anziehend wirken.*

Rechts: *Man möchte am liebsten vor Stolz platzen, wenn die eigene Auberginenpflanze eine wunderschöne, dunkel glänzende Frucht hervorbringt. Der tiefe und geräumige Gummibottich ist ein idealer Behälter für diese herrliche Gemüsesorte.*

Rechts: *Diese hellgrüne, leere Olivendose ist ein nützlicher und ungewöhnlicher Behälter für die wunderschöne Auberginenpflanze rechts im Bild. Ich musste nicht einmal die Oberseite der Dose abschneiden, denn sie hatte einen großen runden Deckel und als dieser entfernt war, blieb ein perfekt geformtes Loch zum Bepflanzen übrig. Obwohl Auberginenpflanzen sehr weich aussehen, sollten Sie im Umgang mit ihnen doch vorsichtig sein, denn es gibt einige scharfe Stacheln an ihnen, besonders am oberen Ende der reifenden Frucht, dem Blütenkelch.*

1 Schneiden Sie einige Drainagelöcher in den Boden des Bottichs. Füllen Sie den Bottich bis ca. 2 cm unter den Rand mit der Kompostmischung an.

2 Graben Sie ein Loch in die Mitte, heben Sie die Auberginenpflanze aus ihrem Topf und setzen Sie sie in das Loch. Drücken Sie den Kompost vorsichtig fest.

3 Pflanzen Sie nun die Tagetes in gleichmäßigen Abständen um die Auberginepflanze herum an. Damit die Tagetes buschiger wachsen, sollten Sie die Spitze des Haupttriebes abknipsen, denn das wird die Pflanze dazu veranlassen, mehr Seitentriebe auszubilden – und damit verbunden auch mehr Blüten. Sobald die Aubergine größer geworden ist, sollten Sie einen Stab in die Erde stecken und diesen mit Hilfe einer Gartenschnur am Stiel der Pflanze befestigen, damit dieser eine Stütze hat. Solange sich die Pflanze im Wachstum befindet, sollten Sie dieses Festbinden in regelmäßigen Abständen wiederholen.

Rechts: ***Die Haut der reifen Aubergine sieht fest und glänzend aus. Außerdem spiegeln sich in ihr die leuchtend orangefarbenen Blüten der darunter wachsenden Tagetes.***

Chili in Olivenölkanistern

Sie brauchen:

einen Olivenölkanister
einen Dosenöffner
einen Hammer
eine dicke, lange Schraube
Tonscherben oder Schotter
Allzweckkompost, gemischt mit lehmhaltigem Kompost
junge Chilipflanzen

Rechts und unten: *Chilis lassen sich ganz gut in Behältern züchten. Eine paar Kanister bzw. Dosen, bepflanzt mit einer Auswahl verschiedener Chilisorten, machen sich eigentlich überall recht hübsch. Außerdem bringen diese Pflanzen eine nützliche und ertragreiche Ernte. Legen Sie Ihre Chilis, sobald sie reif sind, zum Trocknen aus und Sie werden davon bis zum Beginn der nächsten Anbausaison zehren können.*

Chilipflanzen sind oft sehr ertragreich und es ist in der Regel kein Problem, genügend Pflanzen für den Eigenbedarf anzubauen, sodass Sie das ganze Jahr über mit Chilischoten versorgt sind. Sobald die Schoten reif sind, können Sie einige davon frisch verarbeiten und die übrigen trocknen, sodass Ihnen auch im Winter der Vorrat an Chilis nicht ausgeht. Dies geht eigentlich ganz einfach: Legen Sie die Schoten auf ein Tablett, decken Sie sie mit einem sauberen Tuch ab und stellen Sie das Tablett dann an einen warmen Ort, damit die Schoten langsam trocknen können. Sie können die Schoten aber auch zu Büscheln zusammenbinden und sie dann an einer langen Schnur aufhängen.

Chilis gedeihen bei warmem Wetter sehr gut im Freien, sind jedoch auch auf zusätzliche Feuchtigkeit angewiesen. Chilipflanzen, die in der Wohnung wachsen, sollten immer mit feinem Sprühwasser feucht gehalten werden, sonst ist die Gefahr groß, dass die Pflanzen ihre Blüten verlieren.

Diese farbenprächtigen und exotischen Pflanzen sollten auch in ebenso ansprechenden und dekorativen Behältnissen angebaut werden. Leere Olivenölkanister mit interessanten Texten oder Bildern eignen sich hierfür hervorragend. Diese Behälter aus Metall kann man im Freien einige Jahre lang benutzen, bis sie rosten und schließlich auseinanderfallen.

Der grüne *Tipp*

Die Samen keimen recht schnell und können in geschützten Räumen bereits im zeitigen Frühjahr ausgesät werden. Bauen Sie die Pflanzen zunächst in kleinen Töpfen an und stechen Sie dann die Setzlinge aus, wobei Sie in jedem Topf nur den stärksten übrig lassen sollten. Sobald das Wetter wärmer wird, können Sie die junge Pflanze dann in den dafür vorgesehenen Behälter setzen. Verwenden Sie hierfür am besten einen nährstoffreichen Kompost. Sobald die Chilischoten zu wachsen beginnen, sollten Sie sie regelmäßig mit Kalidünger gießen.

Sie können natürlich auch bereits angezogene Pflanzen in einer Gärtnerei kaufen. Bei einer guten Gärtnerei können Sie dabei sogar meist unter mehreren Sorten wählen.

Nur Sie selbst wissen, wie scharf Sie Ihre Chilis haben möchten. Einige schmecken eher süß und sind nur leicht feurig, andere dagegen sind so scharf, dass man sie kaum essenkann. Saatkataloge zeigen in der Regel an, wie scharf eine Sorte ist und junge, kommerziell angebaute Pflanzen sind häufig mit dem entsprechenden Schärfegrad ausgezeichnet.

OLIVE
POMACE OIL
ABEA
COOPERATIVE OLIVE INDUSTRY OF CHANIA
since 1889
COLD EXTRACTION
EXTRA
VIRGIN
OLIVE OIL
Cypressa
COLD EXTRACTION
EXTRA
VIRGIN
OLIVE OIL
SUPERIOR CATEGORY OLIVE OIL OBTAINED
DIRECTLY FROM OLIVES
AND SOLELY BY MECHANICAL MEANS
CHOLESTEROL FREE
3litre
PRODUCE OF GREECE

1 Entfernen Sie mit Hilfe eines Dosenöffners die Oberseite des Kanisters. Ebnen Sie die Kante mit einem Hammer. Bohren Sie vier Löcher in den Boden des Kanisters.

2 Stellen Sie den Kanister mit der Öffnung nach oben auf den Boden und füllen Sie eine etwa 5 cm hohe Schicht Tonscherben bzw. Schotter hinein.

3 Füllen Sie den Kanister bis unter den Rand mit der Kompostmischung an. Zerbröckeln Sie eventuell vorhandene größere Kompostklumpen mit den Fingern.

4 Graben Sie ein Loch in den Kompost. Nehmen Sie die Chilipflanze aus ihrem Topf und setzen Sie sie in das Loch. Drücken Sie die Pflanze mit den Händen gut fest und gießen Sie sie ausgiebig.

Der grüne *Tipp*

Wenn die Chilipflanze größer wird, müssen Sie sie eventuell mit einem kleinen Stab stützen, denn die Chilischoten können recht schwer werden. Wenn Sie die Schoten regelmäßig pflücken, wird die Pflanze immer wieder neue hervorbringen. Im Spätsommer stellen Sie die Pflanze in Ihre Wohnung.

Rechts: ***Diese feurigen, roten Chilis wurden in einen kleinen, verzinkten Eimer gepflanzt. Sie sind dann reif, wenn die Schale runzlig zu werden beginnt. Pflücken Sie sie am besten unmittelbar vor dem Verzehr oder trocknen und lagern Sie sie für spätere Zeiten.***

Rote und gelbe Paprika in einem Plastikeimer

Ich liebe die intensiven Farben und die bezaubernden Muster von gewebten Plastikkörben. Darüber hinaus sind diese Körbe sehr leicht und extrem langlebig – beides wünschenswerte Eigenschaften bei einem Pflanzgefäß. Viele haben außerdem Griffe, sodass man sie leicht hin und her tragen kann.

Dieser Korb ist mit einem grünen Müllbeutel ausgekleidet. Der obere Teil des Beutels wurde nach unten gerollt und hinter den Rand des Korbs gesteckt, nachdem dieser mit Kompost befüllt wurde. Vergessen Sie aber nicht, einige Schlitze in den Boden des Müllbeutels zu schneiden und eine Drainageschicht einzufüllen.

Es ist ratsam, die Paprika bereits als junge Pflanze zu kaufen, denn wenn man sie aus Samen ziehen wollte, müsste man diese schon recht zeitig im Jahr aussäen, damit die Pflanze zu Beginn des Sommers kräftig genug wäre. Je heißer das Wetter ist, desto schneller wachsen natürlich auch die Paprika. Falls der Sommer eher verregnet sein sollte, können Sie Ihre Pflanzen auch auf eine sonnige Fensterbank stellen, denn dadurch lässt sich die Wärme der Sonne optimal nutzen.

Paprika gibt es in vielen verschiedenen Formen, Farben und Größen. Seien Sie aber nicht überrascht, wenn Ihre Paprika nicht so aussehen wie die, die man im Geschäft kaufen kann. Gekaufte Paprika werden immer unter gleichbleibenden, kontrollierten Bedingungen angebaut und sind dabei meist nur geringfügigen Temperaturschwankungen ausgesetzt.

Der grüne Tipp

Wie die meisten Pflanzen, die in Töpfen angebaut werden, sollten auch Paprika häufig gegossen werden. Die beste Zeit zum Gießen ist abends, vor allem bei heißem Wetter. Sobald die Früchte heranreifen, sollten Sie Ihre Paprikapflanzen einmal wöchentlich mit Flüssigdünger gießen.

Oben links: ***Pflücken Sie die Paprika erst dann, wenn deren Farbe dunkler zu werden beginnt. Auf diese Weise bringt man die Pflanze dazu, mehr Früchte zu produzieren.***

Rechts: ***In diesem farbenprächtig gewebten Fahrradkorb finden gleich mehrere Paprikapflanzen Platz. Sie brauchen zum Gedeihen einen warmen Sommer und immer genügend Feuchtigkeit.***

Zucchini in einer verzinkten Wanne

Sie brauchen:

- **eine alte Zinkwanne**
- **einen Hammer und einen langen Nagel**
- **einen Eimer mit Kies**
- **einen torffreien Kompost**
- **einen nährstoffreichen Boden**
- **gut verrotteten Pferdemist**
- **einen Eimer voll Beinwellblätter (falls verfügbar)**
- **Knochenmehl**
- **2 oder 3 Zucchinipflanzen**

Alte, verzinkte Haushalts- und Gartenutensilien wie zum Beispiel Wannen, Eimer, Tabletts, Gießkannen und Getreidebehälter werden als Pflanzgefäße immer beliebter. Das weiche Grau des Metalls sowie die ansprechenden Formen und Maße machen die genannten Gegenstände zu idealen Behältnissen. Sie wiegen nicht viel und halten gut die Feuchtigkeit.

Zucchini sind große, durstige und hungrige Pflanzen und müssen in einen geräumigen Behälter gepflanzt werden. Eine kleine Badewanne ist hierfür ideal. Zucchini sind leicht anzubauen und unter den richtigen Bedingungen wachsen sie einem geradezu davon. Wenn Zucchini nicht unmittelbar nach dem Pflücken gegessen werden, bekommen sie schnell einen etwas bitteren Geschmack. Ernten Sie die Früchte beizeiten, denn wenn sie zu groß werden, wird die Pflanze nicht mehr so viele davon hervorbringen.

Falls Sie nicht genügend Platz haben sollten, um die Pflanzen zunächst in der Wohnung heranzuziehen, können Sie die Zucchini auch gleich ins Freie setzen, nur sollten Sie damit auf jeden Fall bis zum späten Frühjahr warten. Die Alternative dazu wäre, die Zucchini nicht selbst zu ziehen, sondern als junge Pflanzen aus einem Gartencenter, einer Gärtnerei oder einem Pflanzenverkauf zu holen. Da es viele verschiedene Sorten gibt und Sie insgesamt ja nur zwei oder drei Zucchinipflanzen brauchen, ist dies in jedem Fall eine vernünftige Alternative.

Oben: ***Die wundervoll goldgelben Blüten der Zucchini sind essbar und schmecken köstlich. Pflücken Sie sie, nachdem sich die Zucchini dahinter gebildet hat. Die Blüten werden für gewöhnlich in einen leichten Ausbackteig getaucht und anschließend in Olivenöl frittiert. In Italien gelten sie als Delikatesse und werden häufig mit Sardellen und Mozzarella gefüllt serviert.***

Rechts: ***Obwohl sowohl männliche als auch weibliche Blüten an ein und derselben Pflanze wachsen, bilden sich die Zucchini ausschließlich hinter weiblichen Blüten.***

Zucchinisorten

Es gibt viele verschiedene Zucchinisorten. Die Farben reichen hierbei von goldgelb über leuchtend dunkelgrün und gestreift bis hin zu hellgrün. Am besten, Sie starten mit zwei oder drei verschiedenen Sorten. Säen Sie im Frühjahr aus und schützen Sie die Pflanzen vor Frost. Streuen Sie die flachen Samen auf einen guten Saatkompost und drücken Sie sie anschließend leicht fest. Verwenden Sie hierfür mehrere Töpfe und säen Sie in jeden Topf zwei Samen. So können Sie später den schwächeren ausmustern.

1 Stellen Sie die Wanne mit der Öffnung nach oben auf eine weiche Unterlage und klopfen Sie eine Reihe von Drainagelöchern in den Boden der Wanne.

2 Schütten Sie den Kies in die Wanne und verteilen Sie ihn gleichmäßig auf dem Boden. Diese Schicht ist später wichtig für den Wasserablauf.

3 Mischen Sie die beiden Kompostsorten zu gleichen Teilen und füllen Sie sie in die Wanne, wobei eine ca. 10 cm hohe Kompostschicht über dem Kies entstehen sollte.

4 Sammeln Sie die Beinwellblätter und hacken Sie sie ganz grob. Bedecken Sie den Kompost damit, denn dies ergibt später eine zusätzliche Nährstoffquelle.

Der grüne *Tipp*

Wenn Sie keine frischen Beinwellblätter finden können, dann können Sie die Zucchini auch einmal pro Woche mit einem verdünnten Tomaten- oder Meeresalgenextrakt düngen.

5 Füllen Sie die Wanne bis knapp unter den Rand mit der Kompostmischung an und geben Sie auf vier Teile Kompost einen Teil gut verrotteten Pferdemist.

6 Streuen Sie das Knochenmehl auf die Oberfläche des Komposts. Graben Sie den Dünger locker unter.

7 Pflanzen Sie nun in gleichmäßigen Abständen die Zucchinipflanzen ein und drücken Sie die Erde um die Stiele herum etwas fest. Gießen Sie die Zucchini ausgiebig und achten Sie auch in Zukunft darauf, dass die Erde immer feucht bleibt und niemals austrocknet.

Rechts: ***Zucchinipflanzen lieben warmes Wetter und es dauert in der Regel nicht lange, bis aus den kräftigen, hohlen Stielen ein wahrer Baldachin aus Blättern hervorsprießt. Die Blätter schützen die jungen Zucchini darunter vor direkter Sonneneinstrahlung und verhindern außerdem, dass die Erde austrocknet.***

Kapuzinerkresse im Metalleimer

Rechts: *Das kräftige Zinnoberrot der buschig wachsenden Kapuzinerkresse bildet einen wunderschönen Kontrast zu dem hellen Blau des verzinkten Putzeimers.*

Unten: *Verwenden Sie die geöffneten, jungen Blüten und die kleinen Blätter der Kapuzinerkresse als farbenfrohe und pfefferige Zutat für einen frischen Sommersalat.*

Die farbenprächtigen Blüten und die ungewöhnlichen Blätter der Kapuzinerkresse sehen nicht nur hübsch aus, sondern sind auch essbar. Sie haben einen pfefferigen, senfähnlichen Geschmack und sind der Farbtupfer in jedem Sommersalat. Es gibt eine große Vielfalt an Sorten, angefangen von dichten, buschigen Pflanzen bis hin zu rankenden bzw. kletternden. Es gibt sie außerdem in mannigfaltigen, warmen Farbtönen, vom leuchtenden Orange bis hin zum kräftigen Mahagonibraun. Die großen Samen brauchen Sie nur einmal auszusäen und dann nie wieder, denn Kapuzinerkresse samt sich selbst aus. Die Samen keimen sehr schnell und können bis zur Mitte des Sommers ausgesät werden. Kapuzinerkresse gedeiht am besten in einem nährstoffarmen Boden.

Wenn die Pflanzsaison etwas fortgeschritten ist, können Sie auch den Versuch machen, eine kletternde Kapuzinerkresse neben einen Speisekürbis oder neben einen Flaschenkürbis zu pflanzen. Die Kapuzinerkresse können Sie dabei an einem Bogen, einem Obelisken oder an einer lockeren Anordnung von Stäben und Stöcken hochranken lassen. Pflanzen sie aber nicht zu viel Kapuzinerkresse auf einmal, denn die Pflanzen neigen dazu, alles um sich herum zu überwuchern.

Der grüne *Tipp*

Kapuzinerkresse wird gerne neben Tomaten oder Saubohnen gepflanzt, denn ihr penetranter Geruch vertreibt weiße Fliegen. Kriebelmücken, die für gewöhnlich die Spitzen der Bohnen befallen, lieben die Blüten und Blätter der Kapuzinerkresse, sodass benachbarte Bohnen ungestört wachsen können.

Bohnenfest

Alle Bohnen lassen sich problemlos anbauen. Sie werden selten von Schädlingen oder Krankheiten heimgesucht und sind auch anspruchslos, was die Witterung angeht. Essen Sie entweder die jungen, grünen Schoten oder lassen Sie einige davon an der Pflanze hängen, bis darin Bohnen wachsen, die Sie dann trocknen und im Winter essen können.

Buschbohnen bringen etwas weniger Ertrag als ihre rankenden Verwandten. Säen sie Buschbohnen im Sommer mindestens zweimal aus, um die Erntezeit zu verlängern oder pflücken Sie die Bohnen, wenn diese jung und klein sind. Eine Pflanze muss Samen hervorbringen, um sich im Jahr darauf vermehren zu können und das regelmäßige Abpflücken der Bohnen veranlasst die Pflanze, mehr davon zu produzieren. Kletternde Bohnensorten reifen von unten nach oben und tragen dann etwa ab der Mitte des Sommers Früchte. Besonders Stangenbohnen, die ihre purpurfarbenen Blüten über die Blätter hinweg nach oben strecken, um damit Bienen anzulocken, werden häufig zu dekorativen Zwecken angebaut. Buschbohnen werden über den Wind bestäubt.

Zum Trocknen geeignete Bohnen, wie etwa die rot gesprenkelte Borlottibohne, können Sie an der Pflanze hängen lassen, sodass sie in der Spätsommersonne reifen können. Vor dem Lagern müssen die Bohnen allerdings gänzlich getrocknet sein, damit sich später kein Schimmel daran bilden kann. Um das Trocknen zu beschleunigen, können Sie die Bohnen einige Tage lang auf einem Tablett ausbreiten und dieses dann an einen warmen Platz stellen. Saubohnen sind winterhart, also pflanzen Sie sie am besten im Herbst oder im frühen Winter, denn dann können Sie sie im Frühsommer des darauffolgenden Jahres ernten. Sie keimen sehr schnell und es ist wohl ohne Frage eines der aufregendsten Erlebnisse für jeden Gärtner, wenn er beobachten kann, wie sich der neue Stängel der Bohne nach oben durch den Kompost schiebt. Sie können die Bohnen direkt in die Erde pflanzen, sobald diese sich nach dem Winter wieder etwas erwärmt hat. Eine weitere Möglichkeit besteht darin, die Bohnen in kompostierbare Töpfe zu pflanzen und diese dann zu einem späteren Zeitpunkt ins Freie zu setzen.

Erbsen sind etwas schwieriger anzubauen, aber trotzdem der Mühe wert. Sie benötigen einen nährstoffreichen Boden und müssen ausgiebig gegossen werden, dürfen dabei jedoch nicht gänzlich im Nassen stehen. Erbsen vertragen außerdem keine direkte Sonne. Eventuell müssen sie auch ein Netz lose über die Erbsen werfen, um Vögel fernzuhalten.

Bohnen und Erbsen gehören zur Familie der Hülsenfrüchte und bilden an ihren Wurzeln kleine Knötchen aus, auch Nodien genannt, mit deren Hilfe sie Stickstoff im Boden binden. Wenn die Pflanzzeit vorüber ist, können Sie die Wurzeln unter den Kompost mischen, sodass die Nodien die Erde mit Nährstoffen anreichern. Dies funktioniert natürlich auch für Pflanzen in Töpfen, denn es ist ein natürlicher Pflanzendünger.

Brechbohnen in einem runden Korb

Sie brauchen:

- einen runden Korb
- Zylinder und Stempel aus Holz zur Herstellung von Zeitungstöpfchen
- Zeitungspapier
- einen Gartenmüllsack aus Plastik
- Saatschälchen
- Brechbohnen
- Allzweckkompost, im Verhältnis 3:1 mit gut verrottetem Pferdemist vermischt
- Saatkompost

Oben: ***Damit die Bohnen ihren frischen Geschmack beibehalten, sollten Sie sie erst kurz vor dem Kochen pflücken.***

Brechbohnen gedeihen im Allgemeinen sehr gut in Töpfen, auf jeden Fall, solange der Boden nährstoffreich und ausreichend feucht ist. Sie sind sehr ertragreich und bringen für ca. vier bis sechs Wochen im Jahr eine gute Ernte. Sie können die Erntezeit verlängern, indem Sie etwa vier Wochen nach der ersten Aussaat weitere Bohnen aussäen. Da die zweite Aussaat zu einem Zeitpunkt stattfindet, an dem die Außentemperatur bereits deutlich wärmer ist als bei der ersten, können Sie die Bohnen der zweiten Aussaat auch gleich direkt in den Korb pflanzen. Sobald die Bohnenpflanzen anfangen zu blühen, sollten Sie sie einmal wöchentlich mit Jauche oder Meeresalgenextrakt düngen, damit Sie die Erntezeit möglichst lange ausschöpfen können.

Der tiefe, runde Korb, den ich in meinem Beispiel verwende, hat genau die richtige Größe, um darin etwa fünf Bohnenpflanzen anzubauen. Innen ist der Korb mit einem Gartenmüllsack ausgekleidet, sodass kein Wasser aus dem Korb tropfen kann. Vergessen Sie aber trotzdem nicht, einige Drainagelöcher in den Boden des Müllsacks zu schneiden. Ein Korb als Pflanzgefäß hat außerdem den Vorteil, dass er nicht viel wiegt, denn wenn Sie Ihre Pflanzen zum Beispiel auf einer Dachterrasse stehen haben, dann sollten Sie auch etwas auf das Gewicht Ihrer Behälter achten.

Rechts: ***Widerstehen Sie der Versuchung, zu viele Pflanzen auf einmal in Ihrem Korb anbauen zu wollen. Fünf davon ergeben schon ein recht buschiges Ensemble und bringen außerdem eine gute Ernte an herrlich knackigen, fadenlosen Brechbohnen hervor.***

1 Stellen Sie ein paar Zeitungstöpfchen her (siehe Seite 24). Füllen Sie jeden Topf mit Saatkompost und graben Sie dann kleine Löcher. In jedes Loch stecken Sie genau eine Bohne.

2 Gießen Sie die Bohnen und stellen Sie die Töpfchen dann entweder in ein Plastikfrühbeet oder auf ein schattiges Fensterbrett in Ihrer Wohnung. Die Bohnen können dann in Ruhe keimen.

3 Kleiden Sie den Korb mit dem Plastiksack aus und rollen Sie den oberen Rand des Sacks über den Rand des Korbs nach unten. Schneiden Sie anschließend einige Schlitze in den Boden des Sacks.

Der grüne Tipp

Bohnen lassen sich sehr gut mit Sommersalbei zusammen anbauen, eine Staude, die so ähnlich aussieht wie Thymian. Sommersalbei hält mit seinem kräftigen Aroma Läuse fern.

4 Legen Sie einige Lagen gefaltetes Zeitungspapier auf den Boden des Korbs, damit die Feuchtigkeit besser zurückgehalten wird. Füllen Sie den Korb nun bis knapp unter den Rand mit dem Substrat.

5 Rollen Sie den Plastiksack vom Rand des Korbs ab und stecken Sie ihn dabei nach innen, unter den Kompost.

Rechts: ***Sobald die Blüten erscheinen und die ersten kleinen Bohnen zu wachsen beginnen, müssen Sie die Pflanzen eventuell etwas stützen. Wenn Sie sie mit einer Schnur an ein paar Bambusstangen binden, dann verhindert dies, dass sie über den Rand des Korbs nach unten kippen.***

6 Sobald die ersten richtigen Blätter erscheinen, können Sie die jungen Bohnenpflanzen in den Korb pflanzen. Lassen Sie sie dabei in ihren Zeitungstöpfen und setzen Sie sie nicht zu eng nebeneinander.

7 Gießen Sie die Bohnen mit der feinen Brause einer Gießkanne und stellen Sie sie anschließend an einen warmen, geschützten und sonnigen Ort.

Erbsen in verzinkten Eimern

Sie brauchen:

biologisch abbaubare Behälter, zum Beispiel Zeitungstöpfe (siehe Seite 24)

einen verzinkten Eimer

einen Hammer

einen langen Nagel

ein stark haftendes Klebeband

torffreien Kompost

gut verrotteten Mist

alte Zeitungen

Beinwellblätter (falls verfügbar)

ein paar Erbsenstangen

Rechts: ***Pflücken Sie die Erbsen, bevor sie in ihrer Schote zu groß werden, denn zu große Erbsen schmecken häufig nur noch nach Stärke.***

Wenn Sie Erbsen kaufen möchten, dann nach Möglichkeit nur gefrorene, denn das Einfrieren direkt nach der Ernte konserviert den natürlichen Zuckergehalt der Erbsen. Dieser wird sonst rasch in Stärke umgewandelt, was dazu führt, dass die Erbsen an Süße verlieren. Deshalb schmecken selbst angebaute Erbsen, die unmittelbar nach dem Ernten gegessen werden, auch so viel besser.

Erbsen brauchen einen tiefen Behälter zum Wachsen und müssen regelmäßig gegossen werden. Da sie Kletterpflanzen sind, brauchen sie auch eine Rankhilfe. Erbsen lieben einen nährstoffreichen, feuchten Boden. Wenn Sie Zeitungspapier auf den Boden des Korbs legen, wird die Feuchtigkeit besser gehalten. Eine Schicht Beinwellblätter, die im Boden verrottet und diesen dadurch mit Nährstoffen anreichert, begünstigt das gesunde Wachstum der Pflanzen.

Erbsen zählen zu den Hülsenfrüchten und geben über kleine Knötchen an ihren langen Wurzeln Stickstoff an den Boden ab. Wenn die Erbsen verblüht sind, können Sie die Pflanzen zurückschneiden und nur die Wurzeln in der Erde belassen. Der Boden ist dann ideal für den Anbau einer späten Salatsorte.

Erbsenstangen werden traditionell in Gemüsegärten verwendet, wenn die Erbsen in einer Reihe angebaut werden. Die Stangen sehen hübsch aus und können aus verschiedenen Hölzern geschnitten werden. Im Winter nimmt man hierfür in der Regel Haselnuss, aber auch Buche, Linde, Hainbuche und Birke sind sehr gut geeignet. Wählen Sie dabei einen stark verzweigten Ast.

1 Pflanzen Sie bereits zeitig im Jahr zwei oder drei Erbsensamen. Gießen Sie die Samen immer ausreichend und schützen Sie sie vor Frost.

2 Drehen Sie den verzinkten Eimer um und kleben Sie gleichmäßig verteilt vier kurze Streifen Klebeband auf den Boden des Eimers. Nehmen Sie nun den Hammer und den Nagel zur Hand und schlagen Sie damit durch jedes Klebeband ein Loch in den Boden.

3 Stellen Sie den Eimer nun wieder mit der Öffnung nach oben hin und legen Sie einige Zeitungen hinein. Bedecken Sie diese mit frisch geschnittenen Beinwellblättern.

4 Füllen Sie nun den Eimer bis knapp unter den Rand mit den gut miteinander vermengten Kompostsorten und dem Mist.

5 Setzen Sie nun die einzelnen Töpfchen in den Kompost, wobei fünf Stück für die Größe dieses Behälters absolut ausreichend sind. Gießen Sie anschließend ausgiebig.

Der grüne *Tipp*

Erbsen, die in Behältern angebaut werden, trocknen oft schnell aus. Halten Sie Ihre Pflanzen also immer feucht, indem Sie sie regelmäßig morgens gießen. Achten Sie aber darauf, sie nicht übermäßig stark zu gießen. Sobald die ersten Erbsen zu wachsen beginnen, sollten Sie sie einmal pro Woche mit einem Flüssigdünger aus Meeresalgen gießen.

6 Zum Schluss können Sie noch die Erbsenstangen um die Pflanzen herum in die Erde stecken. Achten Sie dabei darauf, dass die Zweige nach Möglichkeit nach innen zeigen, also zur Mitte des Eimers hin.

Speiseerbsen und Wicken

Wicken werden für gewöhnlich neben Gemüse angebaut und zeichnen sich durch ihre bezaubernden, rüschenartigen und duftenden Blüten aus. Sie können außerdem in ein und denselben Behälter wie Erbsen gepflanzt werden, da sie unter den gleichen Bedingungen gedeihen. Die Blüten der Wicke sehen auch als Schnittblumen sehr hübsch aus und da passt es ganz gut, dass man die Wicke regelmäßig zupfen und von welken Blüten befreien muss, um ihre Blütezeit zu verlängern. Es besteht im Übrigen keine Gefahr, die haarigen, rauen Schoten der Wicke mit denen der wesentlich schmackhafteren Speiseerbse zu verwechseln.

Oben: ***Wicken und Erbsen lassen sich sehr gut miteinander kombinieren. Manche essbaren Erbsensorten zeichnen sich ebenfalls durch farbenprächtige Blüten aus, so zum Beispiel die violett blühende Zuckererbse.***

Rechts: ***Die sich windenden Ranken der Erbsenpflanze wickeln sich in der Regel rasch um die verzweigten Äste der Erbsenstöcke.***

Saubohnen in einem Kokosnusssack

Saubohnen sind ein wirklicher Leckerbissen. Sie lassen sich einfach anbauen, sind früher reif als die meisten übrigen Gemüsesorten und schmecken außerdem köstlich. Samen werden normalerweise im frühen Winter ausgesät, damit die Früchte dann im Frühsommer darauf geerntet werden können. Wenn Sie Ihre Pflanzen allerdings in Behältern anbauen, kann die verhältnismäßig kleine Menge an Kompost in manchen Fällen dazu führen, dass die Bohnen während eines kalten Winters gefrieren. Säen Sie die Samen also lieber zeitig im Frühjahr in guten Saatkompost aus und verwenden Sie dafür Papprollen. Stellen Sie die Rollen auf ein Tablett und decken Sie sie anschließend mit einer Folie ab, zumindest so lange, bis das Wetter wärmer geworden ist.

Sie können die Bohnenkeimlinge natürlich auch in Ihrer Wohnung anbauen, zum Beispiel auf einer schattigen Fensterbank. Die großen Samen keimen in der Regel sehr schnell, vorausgesetzt die Temperatur ist nicht zu niedrig. Sobald die jungen Pflanzen 10 cm groß sind, können Sie sie ins Freie pflanzen, aber lassen Sie sie dabei in ihren Papprollen stecken. Die Wurzeln können die Pappe mühelos durchdringen und diese wird schließlich in der feuchten Erde verrotten.

Viele Gemüsesorten werden in synthetischen, gewebten Säcken transportiert – wie der, den ich in meinem Beispiel als Pflanzbehälter verwende. Sie brauchen auf den Boden des Sacks auch keine Drainageschicht zu geben, denn das lockere Gewebe des Sacks lässt Feuchtigkeit ungehindert durch. Wenn das Wetter sehr heiß ist, müssen Sie Ihre Pflanzen jeden Tag gießen und darauf achten, dass der Kompost nie austrocknet.

Rechts: ***Ein synthetischer Gemüsesack, wie er häufig für den Transport von Kartoffeln und Wurzelgemüse verwendet wird, ist ein ungewöhnlicher, aber äußerst praktischer Pflanzbehälter.***

Unten: ***Die intensiv duftenden, schwarz-weißen Blüten wachsen den gesamten Stamm entlang und werden regelmäßig von Bienen besucht. Junge Bohnen bilden sich an der Basis, während die Spitzen immer noch Blüten hervorbringen.***

Der grüne *Tipp*

Kriebelmücken stellen die schlimmste Plage für Saubohnen dar. Sie können die lästigen Schädlinge jedoch fernhalten, indem Sie sämtliche frische Triebe am oberen Ende der Stiele abknipsen. Durch diese Prozedur werden im Übrigen auch die Schoten zu schnellerem Wachstum angeregt. Bohnen sind hungrige Pflanzen und lieben nährstoffreichen Boden. Geben Sie daher verrotteten Mist unter den Allzweckkompost.

Borlottibohnen in Waschkörben

Sie brauchen:

- einen geflochtenen Waschkorb, mindestens 70 cm tief
- einen leeren Kompostsack
- lehmhaltigen Allzweckkompost
- gut verrotteten Mist
- Borlottibohnen
- eine Glasscheibe mit abgerundeten Ecken, zum Beispiel einen Einlegeboden
- Stangen oder Bambusrohre
- Außenfarbe in Blau oder Grün
- einen Pinsel mit langen Borsten

Kletterbohnen zählen zu den dekorativsten Gemüsesorten überhaupt. Sie wachsen mit Hilfe von sich windenden Stielen bzw. Ranken an Stützen empor und weisen Blüten in allen Farbschattierungen auf. Stangenbohnen werden seit jeher nicht nur wegen ihres Geschmacks geschätzt, sondern auch wegen ihres attraktiven Aussehens. Sie haben viele Blüten, die an aufrechten Stielen über saftig grünen Blättern wachsen. Heute gibt es viele verschiedene Bohnensorten und die Farben ihrer Blüten reichen dabei von Weiß über Pink und Aprikot bis hin zu Orange. Machen Sie doch einmal den Versuch, eine Mischung verschiedener Bohnensorten an Bambusrohren emporwachsen zu lassen. Sehen Sie hierfür einfach in Saatkatalogen, Gartencentern oder Gärtnereien nach, welche Sorten zur gleichen Zeit angebaut werden können. Die köstliche und nahrhafte Borlottibohne hat dicke, cremefarbene Schalen mit roten Flecken und ist einer der Hauptbestandteile von Minestrone und anderen italienischen Gerichten. Obwohl sie nicht soviel Ertrag bringt wie andere Bohnensorten, sollte sie aufgrund ihrer besonderen Qualitäten in keinem Gemüsegarten fehlen. Im Gegensatz zu Brechbohnen und Stangenbohnen müssen Borlottibohnen vor dem Kochen aus der Schale gelöst werden. Sie schmecken am besten frisch, obgleich sie sich in getrocknetem Zustand auch für die Vorratshaltung eignen. Der robuste, zylinderförmige Waschkorb, den ich hier verwendet habe, ist für den Anbau von Borlottibohnen geradezu ideal. Damit er nicht so schnell kaputt geht, habe ich ihn mit einer witterungsbeständigen Farbe angestrichen, wie man sie zum Beispiel auch für Gartenlauben und Zäune verwendet. Um die Feuchtigkeit im Kompost zu bewahren, ist es außerdem notwendig, die Korbinnenseite mit einem stabilen Plastiksack auszukleiden.

Links: ***Sobald die Bohnen im Spätsommer zu reifen beginnen, nehmen die ursprünglich cremefarben-rot gesprenkelten Schalen plötzlich ein leuchtendes Scharlachrot an. Pflücken Sie die nahrhaften Bohnen, lösen Sie sie aus ihren Schalen und verwenden Sie sie am besten frisch.***

Rechts: ***Die kräftigen Bohnenpflanzen winden sich eng um die die Stangen bzw. Bambusrohre. Sie wachsen in diesem Stadium sehr schnell.***

Der grüne *Tipp*

Für den Anbau von Borlottibohnen brauchen Sie relativ viel nährstoffreiche Erde. Ein tiefer Behälter ist unerlässlich, denn zum einen bietet er den langen Bohnenwurzeln die Möglichkeit, sich ungehindert ausbreiten zu können, und zum anderen sorgt er dafür, dass die Feuchtigkeit im Kompost besser gehalten wird. Gießen Sie Ihre Bohnen regelmäßig. Borlottibohnen vertragen zwar etwas Schatten, benötigen jedoch auch die Wärme der Sommersonne, um in ihren Schalen reifen zu können.

1 Streichen Sie den Korb außen mit der Farbe an und auf der Innenseite bis zu einer Höhe von etwa 10 cm unterhalb des Randes. Lassen Sie die Farbe anschließend gut trocknen.

2 Falten Sie den Kompostsack in den Korb und schneiden Sie vorher einige Drainageschlitze in den Boden des Sacks. Rollen sie das obere Ende des Sacks etwas auf, sodass es sich dem Rand des Korbs anpasst.

3 Mischen Sie den Kompost und den Mist etwa im Verhältnis 3:1 und legen Sie einige Tonscherben oder Steine in den Sack, bevor Sie den Kompost einfüllen, sodass überschüssiges Wasser später besser abfließen kann. Füllen Sie die letzten 20 cm bis zum Rand des Korbs mit Allzweckkompost auf.

4 Graben Sie mit einem Pflanzstock ein paar Löcher in den Kompost und achten Sie dabei auf einen Abstand von ca. 10 cm zwischen den einzelnen Löchern. Geben Sie nun in jedes Loch eine oder zwei Bohnen. Die schwächere der beiden können Sie dann später aussondern.

5 Gießen Sie alles gut an, aber achten Sie dabei darauf, dass der Wasserstrahl die eingepflanzten Bohnen nicht wieder freilegt.

6 Bedecken Sie die Bohnen mit einer Glasscheibe, damit die Temperatur des Bodens etwas erwärmt wird. Die Bohnen werden dadurch schneller sprießen.

7 Sobald die ersten zarten Blätter erscheinen, sollten Sie einen Stock oder ein Bambusrohr in die Erde neben die Bohnen stecken. Die Pflänzchen werden schnell daran hochranken.

Der grüne *Tipp*

Stangen- und Brechbohnen sollten Sie regelmäßig pflücken, denn dadurch wird die Pflanze dazu angeregt, immer neue Bohnen nachwachsen zu lassen. Borlottibohnen müssen so lange in ihren Schoten reifen dürfen, bis sie groß genug zum Ernten sind.

Früchte und Beeren

Selbst wenn Sie nur wenig Platz im Freien zur Verfügung haben, können Sie trotzdem Ihr eigenes Obst anbauen. Viele fruchttragende Pflanzen gedeihen sehr gut in Töpfen und anderen Behältern. Einige Obstbäume wurden sogar speziell für diesen Zweck gezüchtet.

Auch Weinstöcke lassen sich auf diese Art und Weise anbauen, benötigen zum Wachsen jedoch unbedingt einen warmen, sonnigen Platz und ein großes Pflanzgefäß mit viel Erde darin, sodass immer genügend Feuchtigkeit zur Verfügung steht. Außerdem sollten Weinstöcke regelmäßig zurückgeschnitten werden, damit die Blätter nicht allzu wild wuchern und man eine schön gewachsene Pflanze erhält, die dann auch reiche Ernte bringt. Weinstöcke sind im Allgemeinen nicht nur sehr ertragreiche Pflanzen, sondern sehen mit ihren herrlich bunt gefärbten Blättern im Herbst auch noch wunderschön aus. Eine gute Gärtnerei wird Ihnen außerdem Tipps geben können, welche Weinsorten für das jeweilige Klima und die sonstigen Beschaffenheiten Ihrer Region besonders geeignet sind.

Am leichtesten lassen sich wohl Erdbeeren in Töpfen anbauen. Sowohl die gezüchteten als auch die wild wachsenden Erdbeeren brauchen genügend Feuchtigkeit und vertragen nur ein gewisses Maß an Schatten. Die wild wachsende Sorte, auch Walderdbeere genannt, ist ein wahrer Leckerbissen und schmeckt vor allem Kindern sehr gut. Lassen Sie die Beeren so lange an der Pflanze reifen, bis sie eine dunkelrote Farbe angenommen haben und verspeisen Sie sie am besten unmittelbar nach dem Pflücken.

Viele Trauben und Beeren lassen sich problemlos in Töpfen und ähnlichen Behältnissen anbauen und bringen dabei auch noch Unmengen an Früchten hervor. Die ursprünglich aus Nordamerika stammende Blaubeere wird auch in Europa zunehmend beliebter. Es gibt mittlerweile zahlreiche neue Blaubeersorten, die speziell an europäische Verhältnisse angepasst worden sind. Sie können sich daher aussuchen, ob Ihre Blaubeerpflanzen zu Beginn, in der Mitte, oder am Ende der Saison Früchte tragen sollen.

Die Physalis oder Kapstachelbeere lässt sich problemlos überall anbauen und ist außerdem verhältnismäßig resistent gegenüber Schädlingen und Krankheiten. Die Samen keimen zwar sehr schnell, aber natürlich können Sie auch bereits angezogene, junge Pflanzen aus der Gärtnerei kaufen. Ähnlich wie Tomaten, mit denen sie auch verwandt sind, brauchen Physalispflanzen viel Wärme und Sonnenlicht zum Reifen (innerhalb der Wohnung sollten Sie Beeren zu diesem Zweck generell an einen warmen Platz stellen, zum Beispiel auf ein sonniges Fensterbrett).

Allen fruchttragenden Pflanzen tut es gut, wenn Sie sie einmal wöchentlich mit einem flüssigen Kalidünger gießen, vor allem dann, wenn die Früchte zu reifen beginnen. Ein Tomatendünger eignet sich hierfür am besten. Mittlerweile gibt es auch schon zahlreiche Bio-Tomatendünger auf dem Markt zu kaufen.

Blaubeeren in einem Waschzuber

Oben: ***Die kleinen, attraktiven Beeren reifen von hellgrünen zu dunkelvioletten Früchten heran.***

Rechts: ***Amseln lieben reife Blaubeeren. Sie können die Vögel aber fernhalten, indem Sie ein Netz über den gesamten Strauch werfen, sobald sich die Beeren blau verfärben.***

Blaubeeren, die zu den süßesten Früchten überhaupt zählen, lassen sich ziemlich unkompliziert in Töpfen anbauen. Besonders hübsch sehen sie in verzinkten Gefäßen aller Art aus, benötigen allerdings viel Platz zum Wachsen. Ein alter Waschzuber ist hierfür ideal. Die meisten Zuber dieser Art sind gerillt und haben einen dekorativen Rand. Sie sind mittlerweile wieder sehr modern geworden und haben sich vielerorts zu beliebten Sammlerstücken entwickelt. Man findet sie in Geschäften und auf Märkten, die Artikel im Vintage-Stil anbieten, und gelegentlich auch bei Hofverkäufen.

Die Blaubeere ist ein attraktiver, mittelgroßer Strauch mit glockenförmigen, elfenbeinfarbenen Blüten im Frühling und wunderschönem Laub im Herbst. Die Beeren, die in Clustern wachsen, reifen über einen Zeitraum von mehreren Wochen und entwickeln sich dabei von hellgrünen zu dunkelblauen, flaumbedeckten Früchten. Ein ausgewachsener Strauch wird Sie im Sommer über mehrere Wochen hinweg mit einer täglichen Handvoll nahrhafter Beeren versorgen. Sollten Sie genügend Platz zur Verfügung haben, dann können Sie ja Blaubeersorten mit verschiedenen Reife- und Erntezeiten anbauen, sodass Sie sowohl zu Beginn als auch in der Mitte und am Ende der Pflanzsaison Blaubeeren pflücken können.

Der grüne *Tipp*

Blaubeeren sollten in leicht säurehaltigem Kompost angebaut werden. Der Kompost sollte immer feucht gehalten werden, weshalb es sich auch empfiehlt, den Topf in den Halbschatten zu stellen. Falls Sie die Möglichkeit haben sollten, mit Regenwasser zu gießen, wird dies dazu beitragen, die Säure des Bodens auf natürliche Weise zu erhalten.

Erdbeeren in hölzernen Fruchtkisten

Sie brauchen:

- alte, hölzerne Frucht- oder Weinkisten
- einen gewebten Tomatensack aus Plastik zum Auskleiden der Kisten
- etwas groben Sand
- Kompost
- gut verrotteten Pferdemist
- einen Tacker

Erdbeeren sind für den Anbau in Behältern sehr gut geeignet, allerdings sollten Sie doch ein paar grundlegende Regeln beachten. Verwenden Sie einen humusreichen Kompost, der die Feuchtigkeit gut speichern kann, und mischen Sie etwas Knochenmehl und Pferdemist darunter. Damit nicht so viel Wasser austreten kann, sollten Sie die Kisten auf der Innenseite mit einem gewebten Sack aus Plastik auskleiden. Erdbeeren, insbesondere die schmackhaften Walderdbeeren, vertragen auch etwas Schatten.

Erdbeerpflanzen sollten regelmäßig mit Meeresalgenextrakt gedüngt werden. Wenn Sie etwas Stroh um die Erdbeeren herum verteilen, bleiben zum einen die Pflanzen sauber und zum anderen wird die Temperatur in Bodennähe etwas erhöht, da der helle Farbton des Strohs das Sonnenlicht reflektiert.

1 Schneiden Sie den Tomatensack in zwei Teile. Legen Sie einen der beiden Teile in die Kiste und kleiden Sie damit auch die Ecken sauber aus, bevor Sie ihn am Holz festtackern. Kleiden Sie nun mit dem anderen Teil den Rest der Kiste aus.

2 Verteilen Sie etwas groben Sand auf dem Boden der Kiste, denn dadurch wird später ein guter Wasserabfluss gewährleistet.

Oben links: ***Sobald die ersten Blüten erscheinen, sollten Sie die Kiste in die Nähe anderer, blühender Pflanzen stellen, sodass genügend Bienen zur Bestäubung angelockt werden.***

Rechts: ***Eine alte, hölzerne Fruchtkiste ergibt ein attraktives und praktisches Behältnis für den Anbau von Erdbeeren.***

Der grüne *Tipp*

Manche Gärtner stellen die Erdbeeren unter ein Glasgefäß, solange diese noch grün sind und erschaffen so eine Art „Minigewächshaus“, welches das Wachstum beschleunigt.

REX

3 Geben Sie nun eine großzügig bemessene Menge Kompost in die Kiste.

4 Fügen Sie den Pferdemist hinzu und vermischen Sie alles. Danach Kompost und etwas Knochenmehl zufügen.

5 Setzen Sie die Erdbeerpflanzen in gleichmäßigem Abstand voneinander in die Kiste und drücken Sie den umliegenden Kompost etwas fest.

6 Die Pflanzen werden nun sehr schnell wachsen. Wenn Sie sie ausreichend gießen, werden sie schon bald viele Blüten haben. Zu diesem Zeitpunkt müssen Sie ganz besonders auf bestäubende Insekten achten. Sobald die ersten Früchte erscheinen, sollten Sie etwas sauberes Stroh um die Pflanzen herum verteilen, sodass diese nicht auf dem feuchten Kompost aufliegen.

Die Aufzucht von Erdbeerablegern

Erdbeeren sind äußerst genügsame und gefällige Pflanzen. Nach dem Blühen bilden sie lange Stiele bzw. Ableger aus, welche aus der Krone der Mutterpflanze hervorwachsen. Pflanzt man diese nun in separate Töpfe, produzieren sie ihrerseits Wurzeln und werden zu einer neuen, gesunden Pflanze, die dann in der nächsten Saison selbst Früchte hervorbringt.

Oben: ***Die sechs Erdbeerpflanzen in dieser Holzkiste bringen zusammen mindestens zwanzig neue Pflänzchen hervor.***

Rechts: ***Füllen Sie einen Topf mit lehmhaltigem Kompost an, setzen sie eine junge Erdbeerpflanze in dessen Mitte und fixieren Sie sie dort mit einem stabilen Gartendraht, den Sie zuvor in die Form einer Haarnadel gebogen haben. Lassen Sie die junge Pflanze solange an der Mutterpflanze hängen, bis ihre Wurzeln vollständig ausgebildet sind, und trennen Sie sie erst danach ab. Im Herbst können Sie sie dann in einem separaten Topf ins Freie pflanzen.***

Walderdbeeren

Walderdbeeren können auf dieselbe Art und Weise angebaut werden wie gezüchtete Erdbeeren (siehe Seite 128–131). Sie reifen allerdings früher und tragen auch länger Früchte als ihre größeren Verwandten. Die winzigen, eher spitz zulaufenden Beeren wachsen an langen, hohen Stielen und ragen häufig über die Blätter hinaus. Seltsamerweise scheinen Vögel an Walderdbeeren nicht besonders interessiert zu sein.

Rechts und ganz rechts: *Walderdbeeren lassen sich in der Regel ohne Probleme anbauen. Darüber hinaus sind sie sehr schmackhaft und tragen den ganzen Sommer über Früchte. Sie gedeihen am besten im Halbschatten, denn ursprünglich kommen sie ja aus den Alpen, wo sie auf schattigen Lichtungen und an Waldesrändern wachsen.*

Eine Schale mit Physalis

Die Physalis ist ein wundervoller buschiger Strauch, der zur Familie der Tomatengewächse gehört und ähnlich wie diese ursprünglich aus Südafrika stammt. Die Pflanze ist überall auf der ganzen Welt beliebt und wird in Südafrika auch kommerziell angebaut – daher auch der Name Kapstachelbeere.

Die Blüten der Physalis sehen exquisit und ungewöhnlich aus. Sie hängen etwas zaghaft von den Blattachseln herunter und entwickeln sich schließlich zu zierlichen, papierähnlichen Laternen, die dann später auch die dunkelgelben Früchte in sich tragen. Die reifen Früchte haben einen herrlichen, muskatartigen Geschmack und werden häufig als Dekoration auf Kuchen und in Fruchtsalaten verwendet. Auch können Sie aus ihnen eine köstliche Marmelade zubereiten.

Die Physalis ist eine robuste, unkomplizierte Pflanze, die sich unter den richtigen Bedingungen selbst aussamt. Nur mag sie keine übermäßig nährstoffreichen Böden. Obwohl man sie bereits im Frühjahr aus Samen selbst ziehen kann, werden Sie es vielleicht vorziehen, bereits angezogene, junge Pflanzen aus der Gärtnerei zu holen. Für gewöhnlich werden diese dort ab dem Frühsommer zum Kauf angeboten und man findet sie häufig Seite an Seite mit jungen Tomatenpflanzen. Die Früchte sind dann im Spätsommer reif. Wenn Sie nicht genau wissen, ob sie bereits süß genug sind, dann pflücken Sie einfach eine davon ab und probieren Sie sie. Die Früchte werden, ähnlich wie Tomaten auch, zuerst im unteren Teil der Pflanze reif. Nach und nach reifen sie dann auch im oberen Teil der Pflanze und tragen so über mehrere Wochen hinweg Früchte.

Oben links: ***Die hellgelben Blüten mit den dunkelbraunen Flecken in der Mitte sind einzigartig und äußerst faszinierend.***

Oben rechts: ***Jede Frucht ist von einer papierartigen Laterne umgeben, die zuerst hellgrün und später hellgelb gefärbt ist. Die Laterne wechselt ihre Farbe in dem Tempo, in dem auch die Frucht darin heranreift.***

Rechts: ***Die Physalis lässt sich problemlos in Behältern anbauen. Ihre Früchte stellen nicht nur eine ungewöhnliche und erfrischende Zutat für Salate und Desserts dar, sondern sind darüber hinaus auch für die Herstellung von Gelees und Marmeladen geeignet.***

Der grüne *Tipp*

Physalis kann in fast allen Behältern angebaut werden, sofern diese tief genug für die Wurzeln sind. Die emaillierte Waschschüssel, welche ich in meinem Beispiel verwende, ist für diesen Zweck einfach ideal und hat darüber hinaus auch noch eine ansprechende Form und eine schöne Farbe. Schlagen Sie einige Löcher in den Boden der Schüssel und geben Sie dann eine Schicht Kies oder Tonscherben hinein, sodass später ein guter Wasserablauf gewährleistet ist. Legen Sie abschließend eine Mulchschicht aus Steinen, Porzellanscherben oder Muscheln obenauf.

Weinstöcke in Töpfen

Erstaunlicherweise lassen sich solch kräftige und robuste Pflanzen wie Weinstöcke relativ problemlos in Töpfen anbauen, sofern diese groß genug dafür sind. Damit die Weinstöcke auch gesunde Früchte hervorbringen können, brauchen sie viel Wärme und Sonne. Eine nach Süden oder Südwesten ausgerichtete Wand ist hierfür ideal. Weinstöcke sind dekorative Kletterpflanzen mit tief eingeschnittenen Blättern, die gerade im Spätsommer und im Herbst in vielen zarten Farbtönen erscheinen. Wählen Sie eine Freilandsorte, die speziell an die Besonderheiten Ihrer Region angepasst ist. Gartencenter bieten meist eine kleine Auswahl an verschiedenen Rebsorten an.

Weinstöcke benötigen einen nährstoffreichen, lehmhaltigen Boden. Sobald die Trauben reif sind, sollten Sie die Pflanze einmal wöchentlich mit einem Kalidünger gießen – Beinwell- oder Tomatendünger sind hierfür zum Beispiel gut geeignet. Regelmäßiges Stutzen und Zurückschneiden ist bei Weinstöcken sehr wichtig. Schneiden Sie im Frühsommer die jungen grünen Triebe zurück und achten Sie dabei auf einen Abstand von zwei Blättern bis zur nächsten Blüte bzw. Traube. Im Winter sollten Sie die Pflanze bis auf die hölzernen Triebe zurückschneiden, wobei Sie den Schnitt etwas oberhalb des Vorjahreswuchses ansetzen sollten. Es ist in jedem Fall ratsam, Fachbücher oder Zeitschriften nach Schritt-für-Schritt-Anleitungen für das richtige Zurückschneiden von Weinstöcken durchzusehen.

Sie werden sicherlich so viele Trauben anbauen können, dass Sie eine stattliche Menge an Traubenbündeln pur als Frucht essen können. Alternativ dazu können Sie aus den Trauben natürlich auch eine kleine Menge Wein, Traubensaft oder Gelee herstellen.

Der grüne *Tipp*

Ein Weinstock benötigt einen großen Behälter. Er sollte außerdem nicht zu leicht sein, denn mit zunehmender Größe der Pflanze besteht dann irgendwann die Gefahr, dass die Pflanze den gesamten Topf umwirft. Der von mir verwendete Tontopf ist eine vereinfachte Variante der traditionellen Terrakottatöpfe, in denen Weinstöcke ja so oft angebaut werden.

Wenn Sie erreichen möchten, dass Ihr Weinstock an einem Obelisken oder Gerüst aus Stangen und Rohren emporrankt, dann müssen Sie die Seitentriebe immer wieder neu festbinden.

Oben links: ***Unter den richtigen Bedingungen lassen sich Weinstöcke problemlos in Töpfen anbauen.***

Rechts: ***Dieser graue Tontopf bringt die darin reifenden, fast schwarzen Trauben wunderschön zur Geltung. Einen Weinstock sollte man immer an den sonnigsten Platz im Garten stellen. Bedecken Sie die Oberfläche des Komposts mit einer Schicht aus dekorativen Kieselsteinen.***

Johannisbeeren

Rechts: *Die leuchtenden Beeren der Roten Johannisbeere sind die Schmuckstücke eines jeden Obstgartens. Ein einzelner Strauch bringt in der Regel genügend Früchte für ein paar Gläser Marmelade bzw. Gelee hervor.*

Rechts außen: *Weiße Johannisbeeren sind sehr ertragreich und schmecken süßer als die rubinroten Beeren der roten Sorte. Sobald die Früchte am Strauch reif sind, können Sie im Prinzip alle auf einmal ernten. Probieren Sie im Zweifelsfall einfach ein paar davon, dann wissen Sie gleich, ob sie reif sind.*

Der grüne *Tipp*

In großen Behältern lassen sich Johannisbeeren in der Regel problemlos anbauen. Sie benötigen allerdings immer ausreichend Feuchtigkeit und vertragen auch keine permanente Sonneneinstrahlung. Gute Düngung ist wichtig.

Es gibt drei verschiedene Sorten von Johannisbeeren: schwarze, rote und weiße. Die Schwarze Johannisbeere ist die größte der drei Beerensorten. Sie ist dunkelviolett bis schwarz gefärbt, hat einen leicht säuerlichen Geschmack und schmeckt am besten gekocht. Aus ihr lassen sich herrliche Marmeladen, Kuchen und Puddings zubereiten. Die kleinere Rote Johannisbeere hat zinnoberrot leuchtende Früchte und wächst in Büscheln an zierlichen Stängeln. Sie ist bei Vögeln sehr beliebt und sollte daher mit einem Netz abgedeckt werden. Die ganz ähnlich aussehende, jedoch etwas süßer schmeckende Weiße Johannisbeere wird aufgrund der blassen, beinahe durchsichtigen Farbe ihrer Beeren von Vögeln glücklicherweise eher gemieden.

Rote und Weiße Johannisbeeren schmecken am besten frisch vom Strauch. Beide Sorten eignen sich außerdem hervorragend für die Herstellung von Gelees. Wenn Sie dem Gelee außerdem noch etwas selbst angebaute, klein gehackte Chili zufügen, dann werden Sie dadurch eine perfekte Beilage für Fleisch- und Geflügelgerichte erhalten.

Nützliche Adressen

Bayerische Landesanstalt für Weinbau und Gartenbau
www.lwg.bayern.de/gartenbau/oekologischer_anbau/

Eine Seite, die sich neben Obst- und Gemüseanbau auch mit dem Bio-Anbau auseinandersetzt.

Der Biogärtner
www.bio-gaertner.de

Nachschlagewerk zum Thema Biologisch Gärtnern.

Deutsche Gartenbau-Gesellschaft
www.dgg1822.de

Diese Homepage gehört der deutschen Gartenbau-Gesellschaft. Hier werden verschiedene Projekte zum Thema Gartenbau durchgeführt und erklärt.

Gärten anlegen
www.garten-anlegen.net

Diese Seite beschreibt ausführlich jeden Schritt, den man bei der Anlage eines Gartens beachten sollte.

Gartenfreunde
www.gartenfreunde.de

Hinweise zur allgemeinen Gartenpraxis und zum Kleingartenwesen, mit vielen Bildern illustriert. Daneben werden auch wesentliche Aspekte zum Gemüseanbau angeführt.

Gartenratgeber
www.blumen-garten-Pflanzen.de

Hier liegt ein Ratgeber mit Forum rund um das grüne Hobby vor.

Gartentipps
www.gartentipps24.de

Jede Menge Tipps und Hinweise zum Thema Garten und Gärtnern.

Heilkräuter
www.heilkraeuter.net

Die Seite enthält sehr viele Informationen über die Arten und Verwendung von Heilkräutern.

Kleingärten
www.klein-garten.de

Hier finden sich Gärtnertipps und Tricks zum Thema Kleingarten sowie zur Pflege von Pflanzen.

Kräuter-Almanach
www.kraeuter-almanach.de

Alles, was man zu Kräuter wissen will, findet sich hier.

Kräuterwelt
www.kraeuter-welt.de

Viele allgemeine Informationen sowie Produktempfehlungen zum Thema Kräuter.

Mein schöner Garten
www.mein-schoener-garten.de

Auf dieser Seite finden sich jede Menge Informationen zum Thema Garten, von der Gartengestaltung und Praxis bis zum Händlerverzeichnis.

Naturnaher Gartenbau
www.adma-worldprotection.com/leben6.htm

Hier werden allgemeine Informationen sowie spezifische Regeln für einen naturnahen und ökologischen Garten wiedergegeben, die ein professioneller Bio-Gärtner beachten sollte.

Naturschutzbund Deutschland
www.nabu.de/oekologischleben/balkonundgarten

Informationen des Naturschutzbundes zum ökologischen Gärtnern.

Ökolandbau
www.oekolandbau.de

Ein Informationsportal, das Kampagnen zur Förderung des biologischen Bewusstseins erklärt und führt. Besonders zu erwähnen ist dazu das Projekt „Bio kann jeder“.

SWR Grünzeug
www.swr.de/grünzeug/-/id=100758/1gyvsls/index.html

Die Homepage der beliebten SWR-Sendung beinhaltet immer wieder neue Ideen und Tipps zum Garten. Auch wird hier viel Wert auf ökologischen Anbau gelegt.

Ward Gartenbedarf
www.gartenbedarf-versand.de

Vieles, was Gärtner benötigen, findet sich hier.

Saatgut

Baldur-Garten GmbH
Elbinger Straße 12
64625 Bensheim
www.baldur-garten.de

Biogartenversand GbR
Dorfstraße 17
29416 Jeebel
Tel. +49 (0) 39037 781
www.biogartenversand.de

Bio-Saatgut
Eulengasse 2
55288 Armsheim
Tel. +49 (0) 6734 915580
www.bio-saatgut.de

Blumensamen-Shop
Marktstraße 151
26382 Wilhelmshaven
Tel. +49 (0) 3222 3762911
www.blumensamen-shop.de

Dreschflegel Gbr
In der Aue 31
37213 Witzenhausen
Tel. +49 (0) 5542 502744
http://www.dreschflegel-saatgut.de/gbr/

Gartenzauber & mehr
Dorfstraße 28 e
23738 Beschendorf
Tel. +49 (0) 4564 993940
www.gartenzauber-shop.de

Magic Garden Seeds
Regerstraße 3
93053 Regensburg
www.magicgardenseeds.de/

Manufactum GmbH & Co. KG
Hiberniastraße 5
45731 Waltrop
Tel. +49 (0) 2309 93900
www.manufactum.de/

Hans Reinke GBR, Baumschulen
Pinneberger Straße 80
25462 Rellingen
Tel. +49 (0) 4101 383671
www.gartenpflanzen-shop.de

Rühlemann's Kräuter & Duftpflanzen
Auf dem Berg 2
27367 Horstedt
Tel. +49 (0) 4288 928558
www.ruehlemanns-shop.de

Samenhaus Müller
Raiffeisenstraße 18
75210 Keltern
Tel. +49 (0) 7236 130887
www.samenhaus.de

Samenshop24
Kirchdorfer Straße 177
26605 Aurich
Tel. +49 (0) 4941 972546
www.samenshop24.de

Syringa Duftpflanzen und Kräuter
Bachstraße 7
78247 Hilzingen-Binningen
Tel. +49 (0) 7739 1452
www.syringa-pflanzen.de/shop/

Register